성경적 세계관의 틀과 문화를 도구로 다음 세대를 세우는 **토론식 공과 교재**

삶이 있는 신앙 시리즈 ①

성경적 세계관 세우기

중·고등부 공용

정치

경제

사회

문화

미디어

대중매체

BIBLE

───────────────── 집필위원장 ─────────────────

이재섭

───────────────── 집필위원 ─────────────────

이재섭, 임효준, 이승목, 박종현, 김장인

발간사

본 교재는 한국교회 주일학교 교육에 대한 문제의식과 안타까움에 대한 작은 결과물로서 "성경적 세계관의 틀과 문화를 도구로 다음 세대를 세우는 스토리가 있는 주일학교 토론식 공과 교재"라는 문구가 이 교재의 특징을 잘 보여줍니다.

우리는 옳고 그름에 대한 구분을 무의미하게 여기는 시대를 살아가고 있습니다. 진리는 다원주의와 상대주의라는 이름으로 파편화되었습니다. 이런 시대정신 위에 형성된 문화는 욕망의 전시장을 방불하게 합니다. 이것이 우리 시대의 문화인데, 자라나는 다음 세대는 이 문화의 문제를 잘 모릅니다. 적당한 온도의 물에 있는 개구리에게 점점 열을 가하면 자신이 데워지고 있는 줄도 모르는 것처럼, 태어날 때부터 이런 문화에 젖어왔기 때문입니다. 우리는 개구리의 결과를 잘 알고 있습니다. 서서히 죽어갑니다. 그런데 정작 본인은 죽어가고 있다는 사실을 모릅니다. 옆에서 동료 개구리가 사실을 가르쳐 주면 자신을 시샘하는 것이라고 여길지도 모릅니다. 정말 안타까운 모습입니다.

그런데 그보다 더 안타까운 모습이 지금 한국교회 주일학교 공과 공부 시간에 일어나고 있습니다. 학생들은 공과 공부를 지루하고 힘들어 합니다. 학생들이 지루함을 느끼고 힘들어하는 이유는 자극적이고 자기중심적인 문화가 그들 삶의 한 부분이기 때문입니다. 결국 문제는 지루함을 가지는 현실의 토대가 되는 시대정신입니다. 정확한 병명을 알아야 올바른 대응책을 낼 수 있는 것처럼, 문제의 근원을 잘 알고 접근해야 우리의 자녀들을 시대에 순응하는 '다른 세대'가 아닌 하나님의 영광을 바라보는 '다음 세대'로 세울 수 있습니다.

본 교재는 이런 한국교회 주일학교 교육에 대한 문제의식과 안타까움에 대한 작은 결과물입니다. 다음 문구가 이 교재의 핵심을 압축적으로 잘 보여줍니다.

> **"성경적 세계관의 틀과 문화를 도구로 다음 세대를 세우는 스토리가 있는 주일학교 토론식 공과 교재"**

시대정신에 익숙한 다른 세대와 달리, 하나님의 영광을 위해 헌신할 다음 세대는 절대 진리인 분명한 성경적 틀을 가져야 합니다. 이 분명한 기준으로 학생들의 놀이터인 문화를 읽어야 합니다. 그리고 그 방식은 서로 토론하면서 함께 답을 찾아가는 것이어야 합니다. 이들이 쌍방향 소통에 익숙한 세대들이고, 문화 또한 그렇게 흘러가고 있기 때문입니다. 본 교재를 통해 한국교회 주일학교 학생들이 건강한 믿음의 다음 세대로 세워지기를 간절히 소망합니다.

삶이있는신앙시리즈 집필위원장 / 성산교회 담임목사   이재섭

본 교재는 한편으로는 형식적인 신앙생활을 하고, 다른 한편으로는 가치관의 혼란 속에서 방황하는 이 땅의 어린 영혼들에게서 모든 영적 탁류를 쓸어버리는 찬란한 물줄기, 그리고 영혼의 어두움을 물리치는 환한 빛줄기가 될 것이다.

교재 하나를 낸다는 것은 보통의 책 한 권을 내는 것보다 열 배나 어렵다. 그것도 성경교재나 교리교재 하나를 낸다는 것은 백배나 어렵다. 게다가 어린이나 청소년을 대상으로 한 교재는 가히 천 배나 어렵다.

교재는 특성상 사상이나 논리만 체계적으로 서술해가도 되는 이론서들과 달리, 교육적 목적을 위한 특별 기획과 기술이 이뤄져야 하고, 또 성경교재나 교리교재는 일반교재처럼 필자의 주관을 자유롭게 개진하거나 가미할 수 있는 것과 달리, 성경 해석적으로나 신학적으로 정확해야 하며, 나아가 어린이나 청소년을 대상으로 한 교재의 경우 그들의 이해력과 눈높이에 철저히 맞춰야 하고 게다가 흥미도 있어야하기 때문이다.

이런 의미에서 주일학교 학생들을 위한 한편의 좋은 성경 및 교리교재를 쓴다는 것은 한권의 백과사전을 내는 것보다 만 배나 어렵다.

이렇게 어려운 교재를 이재섭 목사를 위시한 훌륭한 집필진들이 완성한 것을 볼 때, 축하에 앞서 경탄을 금할 길이 없다. 교재의 표제만 보아도 감탄할 만했는데, 원고를 펼쳐보면서 더 놀라운 경탄으로 이어졌다.

첫째, 본 교재는 우리가 무엇을 믿고 있는지를 잘 담아내었다. 즉, 우리의 신앙과 생활의 유일한 원리인 성경말씀과 그것에 기초한 개혁주의 교리의 풍부한 내용이 담겨있다. 이런 점에서 이 교재는 가장 성경적이고 가장 교리적인 주일학교 교재이다.

둘째, 본 교재는 우리가 어떻게 살아야 하는 지를 잘 제시하고 있다. 즉, 우리가 지녀야 할 신앙의 내용을 넘어 우리가 이 세상을 어떻게 바라보고 그 가운데서 어떻게 하나님의 거룩한 백성으로 살아가야 할지 성경적인 삶의 원리와 기독교 세계관을 가르치고 있다. 이런 점에서 이 교재는 가장 대표적인 성경적 세계관의 주일학교 교재이다.

셋째, 본 교재는 주일학교의 각 단계별 학생들의 눈높이에 맞춰져 있다. 즉, 내용적으로 다양한 예화와 그림들을 담고 있고, 문체상으로 터다지기, 씨앗 심기, 물주기, 꽃피우기 등 서정성과 문학성이 풍부한 개념들이나 표현들을 사용하고 있으며, 또 학생들이 스스로 질문하고 답을 찾아야 하는 자기주도식의 공부를 하도록 유도하면서 자신의 행동과 삶을 주체적으로 반성해보게 한다. 이런 점에서 이 교재는 가장 교육적인 주일학교 교재이다.

이러한 특성으로 인해 본 교재는 구원의 원리와 삶의 길을 제대로 깨닫지 못하고 한편으로는 형식적인 신앙생활을 하고, 다른 한편으로는 가치관의 혼란 속에서 방황하는 이 땅의 어린 영혼들에게 복음의 맑은 샘에서 흘러나와 모든 영적 탁류를 쓸어버리는 찬란한 물줄기, 그리고 영혼의 어두움을 물리치는 환한 빛줄기가 될 것이다.

고신대학교 **전 총장** 전광식

우리가 만든
주일학교 교재는
성경적 세계관의 틀과
문화를 도구로 합니다.

왜 '성경적 세계관의 틀' 인가?

진리가 하나의 견해로 전락한 시대에, 진리의 관점에서 세상의 견해를 분별하기 위해서

◇ 성경적 세계관의 틀은 성경적 시각으로 우리의 삶을 보게 만드는 원리입니다.

하나님을 떠나 이 세상의 시각으로 우리 자신과 우리의 삶을 보는 것이 아니라, 하나님이 가르치신 원리로 우리 자신과 우리의 삶을 봐야 하나님의 사람들로 세울 수 있습니다.

◇ 이 교재는 성경적 세계관의 틀로 현상을 보는 시각을 길러줍니다.

철학자 니체로부터 시작된 신의 죽음(형이상학의 부정)은 사람들의 시선을 영원에서 우리가 사는 세상으로 고정시켰습니다. 이 사상은 21세기를 살아가는 우리 시대의 대부분의 사람들이 가지고 있습니다. 영원(하나님 나라)에 대한 가치를 인정하지 않기 시작하면서 삶도 의미를 상실했습니다. 그로 말미암아 사람들은 인간의 가치에 집중하기 시작했고, 급기야는 인간의 욕망이 가는 대로 사는 삶을 권장합니다. 우리가 사는 세상이고, 우리의 자녀들은 태어나면서부터 그런 문화 속을 살아가고 그 문화의 틀로 교회와 하나님을 봅니다. 어린이, 청소년, 청년들이 교회를 떠나는 이유가 여기 있습니다. 보이는 것이 모든 것인 시대를 이기는 힘은, 분명한 진리로 보이는 것의 한계를 보여주는 것입니다. 성경적 세계관 틀의 형성이 이것을 가능하게 합니다.

왜 '문화를 도구'로 하는가?

어린이, 청소년, 청년들의 삶에 가장 큰 영향을 끼치는 것이 문화이기 때문에

◇ 문화를 도구로 하는 이유는

우리의 자녀들이 문화 현상 속에 젖어 살고, 그 문화의 기초가 되는 사상(이론)을 자신도 모르게 이미 받아들이고 있기 때문입니다.

◇ 공부하는 학생들의 삶의 현장으로 들어갑니다(이원론 극복).

우리가 사는 사회를 포스트모던 사회라고 합니다. 포스트모던 사회의 핵심은 소비이고 미디어가 그것을 전파합니다. 쉽게 말하면 문화입니다. 신앙과 삶을 분리할 수 없는데, 우리의 자녀들은 문화의 시각으로 성경과 교회를 보면서 답답해 합니다. 위에서 본 것처럼, 이미 그들은 하나님의 나라에 대한 가치를 인정하지 않고, 거기에 헌신하며 사는 삶에 의미를 부여하지 않는 것을 자연스럽게 배웠기 때문입니다. 교회는 이들이 가진 문제점을 자각하게 해야 하는데, 그 출발점은 그들이 누리는 문화로 대화를 시작하면서 그것의 한계와 대안을 가르치는 것입니다. 이를 통해 신앙과 삶이 통합되며, 문화의 시각으로 신앙을 보고 판단하는 것이 아니라 성경의 시각으로 문화를 보고 판단해야 함을 분명히 합니다.

성경적 세계관 세우기

1부

하나님의 말씀은 살아 있고 활력이 있어 좌우에 날선 어떤 검보다도 예리하여
혼과 영과 및 관절과 골수를 찔러 쪼개기까지 하며
또 마음의 생각과 뜻을 판단하나니 (히브리서 4:12)

2부

공과의 구성과 학습 원리

부지불식간(不知不識間)에 대중문화와 또래문화에 오염된 청소년들의 생각을 공과교육을 통해서 성경적 세계관으로 전환시킨다. 이를 위해 현실 세계를 분명하게 직시함과 동시에 그 현실을 믿음(성경적 세계관)으로 바라보며, 말씀의 빛을 따라 살아가도록 지도한다(이원론 극복).

쉐 마 분명한 성경적 원리의 전달을 위해서 본문 주해를 비롯한 성경의 핵심 원리를 제공한다(성경 돋보기, Today's Focus, Discernments, 말씀의 창).

문 화 지금까지 단순하게 성경적 지식 제공을 중심으로 한 주일학교 교육의 결과 중 하나가 신앙과 삶의 분리, 즉 주일의 삶과 월요일에서 토요일의 삶이 다른 이원론(二元論)이다. 우리 교재는 학생들의 삶 속에서 일어나는 문화를 토론의 주제로 삼아서 신앙과 삶의 하나 됨(일상성의 영성)을 적극적으로 시도한다(프리즘, 현미경, HOT 토론).

세계관 오늘날 자기중심적인 시대정신에 노출된 학생들의 생각과 삶의 방식을 성경적 세계관을 토대로 바라보게 함으로써, 자신을 돌아보고 삶에 적용하는 것을 돕는다.

[프리즘] 주제에 대한 학생들의 다양한 생각 보기
빛이 프리즘을 통과하면 다양한 색으로 산란(散亂)하듯이, 하나의 주제와 사건이 각 개인의 관점에 따라서 다양하게 평가된다는 것을 보여준다.

[성경 돋보기] 학생들의 다양한 생각을 성경적 관점으로 바꾸기
마치 성경을 돋보기로 살피듯이 본문 말씀을 집중적으로 공부하면서 성경이 주는 교훈을 학생들 스스로가 발견할 수 있도록 한다. 이런 과정을 통해서 학생들의 다양한 생각들은 점차 성경적 관점으로 전환된다. Today's Focus가 성경의 관점을 잘 보여준다.

[볼록렌즈] 학생들의 다양한 생각을 성경적 관점으로 바꾸기
빛이 볼록렌즈를 통과하면 한 점으로 모아지듯이, 일반 세계관의 영향에서 나오는 여러 다양한 생각이 성경을 거치면서 성경적 관점으로 전환하게 한다. Today's Focus가 성경의 관점을 잘 보여준다.

 [현미경] 성경적 관점으로 삶의 현실과 문제를 생각해보기
현미경이 어떤 물체의 조직을 세밀하게 보여주듯이, 성경의 관점으로 주어진 삶의 문제들을 다양하고 깊이 있게 살펴본다. 그 중심에 'HOT 토론'이 있다.

 [말씀으로 빛나는 삶]삶의 모든 부분에 성경적 관점 적용하기
스테인드글라스(stained glass)에 빛을 비추면 유리에 그려진 그림이 아름답게 빛나듯이, 성경적 세계관을 가진 청소년들은 그들의 신앙을 삶의 현장 속에서 빛나게 한다(삶이 있는 신앙). Discernments가 성경적 관점의 생활 원리를 잘 보여준다.

 [오목렌즈] 삶의 모든 부분에 성경적 관점 적용하기
빛이 오목렌즈를 통과하면 그 빛이 다양하게 퍼져나가듯이, 성경의 원리가 앞으로 여러 방면에서 펼쳐질 학생들의 생활에 원리와 기준이 된다. Discernments가 성경적 관점의 생활 원리를 잘 보여준다.

 [삶을 위한 말씀의 창] 삶의 현실에서 성경적 원리 떠올리기
사람이 창문(window)을 통해 세상을 바라보고 소통하듯이, 주제와 관련된 핵심 구절을 암송함으로써 구체적인 삶의 현실 속에서 말씀의 창으로 세상을 바라보게 한다. 말씀을 암송함으로써 학생들이 성경적 세계관의 터 위에 굳게 설 수 있도록 인도한다.

 [거울] 삶의 현실에서 성경적 원리 떠올리기
사람이 거울을 보고 자신의 모습을 가꾸고 교정하듯이, 주제와 관련 된 핵심 성경 구절을 암송함으로써, 구체적인 삶의 현실 속에서 성경적 세계관을 견지하게 만든다. 또한 세속적 세계관으로부터 자신을 지켜가게 만든다.

③ 설교

학생들이 공과의 내용을 잘 이해하고, 공과 공부 시간을 풍성하게 하기 위해서, 부서 사역자가 매주 '동일한 주제의 다른 본문'으로 설교를 한 후에 공과를 진행한다.

1부 교재의 구성

1부 전체를 관통하는 키워드는 '성경적 세계관'이다. 1-2과는 우리의 행동과 세계관이 어떤 연관성을 가지는지를 살펴본다. 어떤 행동의 이면에는 그렇게 행동하게 만드는 관점이 있다. 3-4과는 우리가 가지고 있는 관점이 판단의 기준이 된다는 것을 살펴본다. 5-6과는 우리 삶의 모든 주장의 밑바탕에 자신의 믿음이나 신념이 자리하고 있음을 확인한다. 7-8과는 일반적 세계관과 성경적 세계관이 어떻게 다른지, 왜 성경적 세계관을 가져야 하는지를 살펴본다. 9과는 성경적 세계관의 핵심인 창조, 타락, 구속의 핵심을 다룬다. 10과는 성경적 세계관의 실제로 '삶이 있는 신앙'을 제시한다. 11과는 특강으로 세계관에 기초한 설교를 수록했다.

삶이 있는 신앙 ^{시리즈} ①

성경적 세계관 세우기

토론식 공과 교재 1부

중·고등부 공용

1과

행동의 이면에 있는 관점(틀) 1

1과의 목표

누군가가 어떤 행동을 할 때는 그런 행동을 하는 이유가 있습니다. 이것을 '관점(틀)', 혹은 '세계관'이라고 합니다(좁은 의미로 '생각' 혹은 '가치관'이라고 해도 상관이 없습니다). 1과에서는 이와 관련된 이론적인 것을 공부합니다.

1. 말이나 행동의 이면에, 그렇게 말하고 행동하는 관점(틀)이 있습니다.

❇ 동성애를 찬성하는 사람들은 개인의 자유와 소수자의 인권 보호가 그 무엇보다 중요하다는 생각이 있습니다. 이와 달리, 크리스천이 동성애를 반대하는 이유는 개인의 자유와 소수자의 인권 보호를 중요하게 여기지만, 어떤 경우에도 동성애를 허용하지 않으시는 하나님의 말씀이 있습니다.

❇ 주일(일요일)에 교회 가는 것에 대해서, 두 팀(예수님을 믿는 팀과 믿지 않는 팀)으로 나누어서 서로 이야기를 해봅시다.

⊞ 주일날 교회에 가지 않아도 된다는 친구들은 어떤 관점을 가지고 있습니까?

⊞ 주일날 교회에 가야 한다는 친구들은 어떤 관점을 가지고 있습니까?

----

2. 관점(틀)이 무엇입니까?

설명 ① 누구나 쉽게 이해할 수 있는 '붕어빵 만드는 틀'로 설명할 수 있습니다.

⊞ 어떤 사람이 붕어빵 틀로 미꾸라지빵을 만들고 싶었습니다. 예수님께 미꾸라지빵을 달라고 기도를 했습니다. 다음 날 붕어빵 틀에 밀가루를 붓고 미꾸라지빵을 기대했습니다. 어떤 모양의 빵이 나왔을까요? 그 모양의 빵이 나온 이유가 무엇입니까?

⊞ 붕어빵 만드는 틀로 다른 물고기 모양의 빵을 만들 수 있습니까? 없다면 그 이유는 무엇입니까?

⊞ 위의 대답을 토대로, 관점(틀)에 대해서 설명해봅시다.

설명 ② 안경을 끼고 있는 사람은 평소에 자신이 안경을 끼고 있다는 것을 크게 느끼지 못합니다. 그래서 세상을 자신의 눈으로 본다고 여깁니다.

田 시력이 0.3인 사람이 1.0의 시력을 가진 사람만큼 보려면, 어떻게 해야 합니까(라식 수술은 제외)?

田 0.3의 시력이 아니라, 1.0 안경이라는 틀로 사물을 또렷하게 봅니다. 그러므로 그 사람이 보는 것을 결정하는 것은 '안경'입니다. 아무리 제대로 보고 싶어도 안경을 쓰지 않으면 제대로 볼 수가 없습니다. 이 처럼, 안경이라는 세계관의 틀이 이미 보고 있는 것을 결정하고 있으므로, 안경이라는 세계관으로 보는 것이 모든 판단의 기준이 됩니다.

田 안경을 쓴 사람이 자신이 안경을 쓰고 있음을 인식하지 못하는 것처럼, 사람이 다양한 영향(학교 교육, 자라온 환경, 종교의 유무 등)으로 만들어진 자신의 세계관을 잘 모를 수도 있습니다. 그렇게 인식을 잘하지 못해도, 그런 틀이 무엇을 판단하는 기준이 된다는 사실은 결코 변하지 않습니다.

3. 아래를 보고, 관점(틀)이 어떤 역할을 하는지 나누어 봅시다.

| 예쁘다 vs 예쁘지 않다 | 무엇을 예쁘다고 하는가? |

잘 생겼다 vs 못 생겼다 — 잘생김의 기준이 무엇인가?

창조론 vs 진화론 — 우주 만물의 기원을 무엇으로 보는가?

4. 세계관에 대해서 알아보겠습니다.

❀ 『창조, 타락, 구속』이라는 책을 쓴 알버트 월터스라는 개혁주의 신학자는 세계
관을 이렇게 말했습니다.

⊞ "세계관은 한 사람이 사물들에 대해 가지고 있는 기본적인 신념들의 포
괄적인 틀이다." 이 말은 어떤 사람이 어떤 것을 판단하거나 행동하는
공통되고 일관된 패턴이 있다는 의미입니다. 위에서 말한 것에 비유하
면, 붕어빵을 만드는 강철의 틀과 같은 것입니다.

Upgrade

세계관을 이렇게 말할 수도 있습니다.
- 세계관은 철학이나 과학보다 깊고, 사실상 그것들의 기초가 된다.
- 세계관은 인간의 사고와 삶의 기초가 되고 그것을 형성해 주는 신념 체계를 표현한다.
- 세계관은 인간의 사고와 행동 전체를 떠받치고 형성하는 신념 체계이다.
- 세계관의 주요한 특징은 헌신적인 토대를 가진다.
  즉, 맨 밑바닥에 일련의 전제가 깔려 있다.
- 검토하고 살든, 그렇지 않든 인간은 누구나 세계관에 입각해서 살고 있다.

2과

행동의 이면에 있는 관점(틀) 2

어떤 사람의 행동은 드러난 행동만으로 모두 설명되지 않습니다. 그런 행동을 하게 된 이유가 있기 때문입니다. 우리는 1과에서 이것을 이론적으로 살펴보았습니다. 2과에서는 이와 관련된 실제적인 것을 공부합니다.

복습하기 붕어빵의 틀로 미꾸라지빵을 만들 수 없는 이유를 설명해 봅시다.

1. 예수님의 발에 향유를 부은 여인의 행동에 대한 예수님과 제자들의 반응을 통해서, 행동의 이면에 놓인 관점(틀)의 역할을 실제적으로 살펴보겠습니다.

[요한복음 12:1-8]
마리아가 예수님의 발에 노동자의 1년치 연봉에 해당하는
지극히 비싼 향유를 붓고 발을 씻겨드립니다.

1 유월절 엿새 전에 예수께서 베다니에 이르시니 이 곳은 예수께서 죽은 자 가운데 서 살리신 나사로가 있는 곳이라

2 거기서 예수를 위하여 잔치할새 마르다는 일을 하고 나사로는 예수와 함께 앉은 자 중에 있더라

3 마리아는 지극히 비싼 향유 곧 순전한 나드 한 근을 가져다가 예수의 발에 붓고 자기 머리털로 그의 발을 닦으니 향유 냄새가 집에 가득하더라

4 제자 중 하나로서 예수를 잡아 줄 가룟 유다가 말하되

5 이 향유를 어찌하여 삼백 데나리온에 팔아 가난한 자들에게 주지 아니하였느냐 하니

6 이렇게 말함은 가난한 자들을 생각함이 아니요 그는 도둑이라 돈궤를 맡고 거기 넣는 것을 훔쳐 감이러라

7 예수께서 이르시되 그를 가만 두어 나의 장례할 날을 위하여 그것을 간직하게 하라

8 가난한 자들은 항상 너희와 함께 있거니와 나는 항상 있지 아니하리라 하시니라

❈ 향유를 부은 마리아에 대한 제자 가룟 유다의 평가

　▦ **가룟 유다의 말:** 가룟 유다가 말하되 → 이 향유를 어찌하여 삼백 데나리온에 팔아 가난한 자들에게 주지 아니하였느냐(요 12:4-5)

　▦ **가룟 유다가 한 말의 이면에 있는 실제 가룟 유다의 관점:** 이렇게 말함은 가난한 자들을 생각함이 아니요 그는 도적이라 돈궤를 맡고 거기 넣는 것을 훔쳐 감이러라(요 12:6)

　▦ 가룟 유다의 말만 들은 사람들은 가룟 유다를 어떻게 생각합니까?

　▦ 가룟 유다의 의도를 아는 사람들은 가룟 유다의 말에 어떻게 반응합니까?

　▦ 예수님께 향유를 드린 마리아에 대한 가룟 유다의 판단 기준(관점)은 무엇입니까(6절)? 이를 토대로, 드러나는 행동보다 그 행동을 만드는 관점(틀)이 훨씬 더 중요하다는 것에 대해서 나누어 봅시다.

❈ 향유를 부은 마리아에 대한 예수님의 평가

　▦ **마리아의 행동:** 마리아는 지극히 비싼 향유 곧 순전한 나드 한 근을 가져다가 예수의 발에 붓고 자기 머리털로 그의 발을 닦으니(요 12:3)

⊞ **마리아의 행동 이면에 있는 마리아의 의도:** 그를 가만 두어 나의 장례할 날을 위하여 그것을 간직하게 하라. 가난한 자들은 항상 너희와 함께 있거니와 나는 항상 있지 아니하니라(요 12:7-8)

⊞ 마리아의 행동만 본 사람들은 마리아를 어떻게 생각합니까?

⊞ 마리아의 의도를 아는 사람들은 마리아의 행동에 어떻게 반응합니까?

⊞ 본문 7-8절의 예수님의 말씀을 볼 때, 향유를 부은 마리아의 판단 기준(관점)은 무엇입니까? 이를 토대로, 드러나는 행동보다 그 행동을 만드는 관점(틀)이 훨씬 더 중요하다는 것에 대해서 나누어 봅시다.

----

2. 행동의 이면에 있는 관점(틀)의 중요성에 대한 예수님의 말씀입니다.

[빌립보서 4:6-7]

6 아무 것도 염려하지 말고 다만 모든 일에 기도와 간구로, 너희 구할 것을 감사함으로 하나님께 아뢰라.
7 그리하면 모든 지각에 뛰어난 하나님의 평강이 그리스도 예수 안에서 너희 마음과 생각을 지키시리라. → 이 말씀은 주어진 환경보다 훨씬 더 중요한 것이 환경을 대하는 태도, 즉 '마음과 생각' 이라고 합니다.

3. 행동(말)을 만들어내는 관점(틀)에 대해서 서로 이야기를 나누어 봅시다.

❄ 적지 않은 청소년들이 연예인을 꿈꿉니다(넘쳐나는 오디션 프로그램이나 길거리 캐스팅 등). 왜 그런 꿈을 꿉니까(연예인을 꿈꾸는 이면에는 스타성이 있는데, 팬들에게 환호를 받는 것이 대표적입니다)?

⊞ 팬들에게 환호와 선물을 받는 연예인들이 없지 않지만, 실제 그런 자리까지 오르는 연예인들은 아주 적습니다. 많은 연예인들은 팬들의 주목을 받지 못합니다.

❄ 예수님을 믿는다고 하는데, 학교 급식을 먹을 때 기도를 대충 하거나 하지 않는 친구들이 있습니다. 그렇게 하는 친구들은 어떤 생각(관점)을 가지고 있습니까? 반대로, 친구들이 놀리거나 기도하는 중에 반찬을 가지고 가도 꾸준히 기도하는 친구들이 있습니다. 그렇게 하는 친구들은 어떤 생각(관점)을 가지고 있습니까? 나는 어떻게 하며, 왜 그렇게 합니까?

----

4. 자신의 표현으로 "행동의 이면에는 관점이 있다." 라는 말을 적어 봅시다.

3과

관점에 따라 달라지는 사실 1

3과의 목표

우리는 1, 2과에서 어떤 사람의 행동의 이면에 그 행동을 하게 만드는 관점(틀)이 있다는 것을 배웠습니다. 3과에서는 그 관점(틀)이 어떤 사건을 있는 그대로 보게 하지 않고, 다시 해석하게 한다는 것을 공부합니다. 3과에서는 이와 관련된 이론적인 것을 공부합니다.

복습하기 '관점(틀)이 행동의 토대가 된다.' 라는 말의 의미를 설명해 봅시다.

1. 관점(틀)에 따라서 사실이 달라질 수 있습니다. 두 사람이 동일한 사건을 보고 이야기를 하는데, 전혀 다른 이야기를 듣는 것 같을 때가 있습니다. 그 이유는 각자가 사건을 바라보는 관점(틀)의 차이 때문입니다.

❀ 사건이나 상황보다 우선하는 시각

田 세계관(관점, 틀)은 우리 주위에서 일어나는 일들을 평가하는 방식에 상당한 영향을 미칩니다. 예를 들어서, 평균 키가 155cm인 아프리카 부족에게 165cm는 큰 키에 해당합니다. 이와 달리 평균 키가 173cm 정도인 나라에서 165cm는 작은 키에 해당합니다.

田 위에서 동일한 165cm의 키에 대한 평가가 다른 이유는 무엇입니까?

❀ 각자가 가지고 있는 시각(관점)에 따라 동일한 사건이 서로 다르게 다가옵니다.

⊞ 어느 편에 서 있느냐로 옳고 그름, 혹은 맹목적으로 행동을 동일하게 하는 '편 가르기'가 있습니다. 이때는 어떤 일의 옳고 그름 대신에, 어느 편에 속해 있느냐가 중요합니다. 자신이 속한 편에서 옳다고 하면 틀린 것도 옳고, 틀리다고 하면 옳은 것도 틀립니다.

⊞ 마블 영화를 좋아하는 사람과 마블 영화를 싫어하는 사람이 마블 영화를 보고 친구에게 설명을 할 때, 각각 어떻게 설명하고, 각자의 설명을 들은 사람은 어떤 반응을 보일까요?

----

2. 우리 주변의 다양한 이야기들은 사람들 각자가 가지고 있는 세계관에 기초한 해석입니다. 이야기나 사건을 해석하는 방법에는 두 가지가 있습니다. 하나는 가능한 한 사건을 있는 그대로 해석하려고 하는 것이고, 다른 하나는 해석하는 사람의 세계관에 충실한 것입니다.

❀ 가능한 한 사건을 객관적으로 해석하려는 입장

⊞ 완전히 객관적이 될 수는 없지만, 그래도 모든 정황을 두루 살펴서 최대한 객관성에 이르려는 해석을 시도합니다. 예를 들어, 문학, 종교, 법률과 같은 분야에서 기록된 내용의 의미가 '글을 쓴 사람의 의도'에 의해서 결정된다고 합니다. 예를 들어서, 이런 관점으로 성경을 읽으면, 읽는 사람은 하나님이 말씀하시고자 하는 것에 집중을 합니다 (하나님 중심).

✤ 자신의 주관적인 시각으로 사건을 해석하려는 입장

⊞ 앞에서 문학, 종교, 법률과 같은 분야를 예로 들었는데, 이들은 이것들을 해석할 때, 글을 쓴 사람의 의도 뿐만 아니라, 그것을 해석하는 사람도 중요하게 봅니다. 또한 어떤 때는 글을 쓴 사람의 의도보다 그것을 읽고 해석하는 사람이 내용의 의미를 결정한다고 하기도 합니다. 예를 들어서, 이런 관점으로 성경을 읽으면, 하나님이 무엇을 말씀하고자 하시는가 하는 것보다 성경을 읽는 사람이 어떻게 받아들이는가에 무게를 더 많이 둡니다 (하나님 중심에서 사람 중심으로 옮겨 감).

✤ 의미 파악하기

⊞ "성경 본문이 무엇을 말하느냐가 중요하다."라는 말은 글을 쓴 사람의 의도에 더 가깝습니까, 글을 풀이하는 사람의 해석에 더 가깝습니까?

⊞ "내가 그 본문을 어떻게 받아들이느냐 혹은 어떻게 해석하느냐가 중요하다."라는 말은 글을 쓴 사람의 의도에 더 가깝습니까, 글을 풀이하는 사람의 해석에 더 가깝습니까?

----

3. "관점에 따라 사실이 달라진다." 라는 말은 어떤 사건을 해석하는 사람의 세계관이 중요합니다(사건 자체보다 그것을 해석하는 사람의 관점을 파악하는 것이 중요합니다).

❀ 평소에 영어 성적이 70점을 받던 학생이 95점을 받았습니다. 이 현상을 다음 관점에서 설명해 봅시다.

⊞ 점수를 기정 사실로 인정하고, 그것을 해석하는 입장:

⊞ 자신의 주관적인 시각으로 사건을 해석하는 입장:

우리가 지금 살고 있는 시대의 세계관(관점, 틀)인 '포스트모더니즘'에 대한 지식.

• 포스트모더니즘(Postmodernism): 강조점이 문화에 있을 때 포스트모더니즘이라는 말을 사용합니다. 이것의 구체적인 모습이 소비주의(무엇을 소비하느냐를 가지고 그 사람의 가치를 평가함. 메이커 옷을 입고, 이름 있는 아파트의 넓은 평수에 살면 잘산다고 함과 같은 것 등)입니다.

4과

관점에 따라 달라지는 사실 ②

4과의 목표

우리는 3과에서 관점(틀)이 어떤 사실을 있는 그대로 보게 하지 않고, 관점으로 다시 해석한다는 것을 배웠습니다. 4과 에서는 이와 관련된 실제적인 것을 공부합니다.

"관점에 따라 사실이 달라질 수 있다."라는 말의 의미를 설명해 봅시다.

1. 관점에 따라 사실이 달라진다는 것이 어떤 것인지 성경에서 살펴보겠습니다.

[사무엘하 6:12-23]
법궤가 들어올 때 춤을 추는 다윗, 못마땅한 미갈!

12 어떤 사람이 다윗 왕에게 아뢰어 이르되 여호와께서 하나님의 궤로 말미암아 오
벧에돔의 집과 그의 모든 소유에 복을 주셨다 한지라 다윗이 가서 하나님의 궤
를 기쁨으로 메고 오벧에돔의 집에서 다윗 성으로 올라갈새

13 여호와의 궤를 멘 사람들이 여섯 걸음을 가매 다윗이 소와 살진 송아지로 제사
를 드리고

14 다윗이 여호와 앞에서 힘을 다하여 춤을 추는데 그 때에 다윗이 베 에봇을 입었
더라

15 다윗과 온 이스라엘 족속이 즐거이 환호하며 나팔을 불고 여호와의 궤를 메어오
니라

16 여호와의 궤가 다윗 성으로 들어올 때에 사울의 딸 미갈이 창으로 내다보다가
다윗 왕이 여호와 앞에서 뛰놀며 춤추는 것을 보고 심중에 그를 업신여기니라

17 여호와의 궤를 메고 들어가서 다윗이 그것을 위하여 친 장막 가운데 그 준비한
자리에 그것을 두매 다윗이 번제와 화목제를 여호와 앞에 드리니라

18 다윗이 번제와 화목제 드리기를 마치고 만군의 여호와의 이름으로 백성에게 축
복하고

19 모든 백성 곧 온 이스라엘 무리에게 남녀를 막론하고 떡 한 개와 고기 한 조각과 건포도 떡 한 덩이씩 나누어 주매 모든 백성이 각기 집으로 돌아가니라

20 다윗이 자기의 가족에게 축복하려 돌아오매 사울의 딸 미갈이 나와서 다윗을 맞으며 이르되 이스라엘 왕이 오늘 어떻게 영화로우신지 방탕한 자가 염치없이 자기의 몸을 드러내는 것처럼 오늘 그의 신복의 계집종의 눈앞에서 몸을 드러내셨도다 하니

21 다윗이 미갈에게 이르되 이는 여호와 앞에서 한 것이니라 그가 네 아버지와 그의 온 집을 버리시고 나를 택하사 나를 여호와의 백성 이스라엘의 주권자로 삼으셨으니 내가 여호와 앞에서 뛰놀리라

22 내가 이보다 더 낮아져서 스스로 천하게 보일지라도 네가 말한 바 계집종에게는 내가 높임을 받으리라 한지라

23 그러므로 사울의 딸 미갈이 죽는 날까지 그에게 자식이 없으니라

❀ 다윗의 춤에 대한 다윗의 평가

▦ **다윗의 행동:** 다윗이 여호와 앞에서 힘을 다하여 춤을 추는데 그 때에 다윗이 베 에봇을 입었더라(삼하 6:14). → 이때 다윗의 옷이 펄럭거리거나 벗겨져서 몸이 드러납니다(삼하 6:20).

▦ **다윗의 춤에 대한 다윗의 해석:** 다윗이 미갈에게 이르되 이는 여호와 앞에서 한 것이니라 그가 네 아버지와 그의 온 집을 버리시고 나를 택하사 나를 여호와의 백성 이스라엘의 주권자로 삼으셨으니 내가 여호와 앞에서 뛰놀리라(삼하 6:21).

▦ 미갈이 남편 다윗이 한 행동을 부끄러워하면서 면박을 줍니다. 충분히 그렇게 할 수 있습니다. 다윗이 옷을 단정하게 한 후에 기쁨의 춤을 추는 것이 합리적이기 때문입니다. 그런데도 다윗은 자신의 행동에 당당합니다. 다윗이 부끄러워하지 않고 당당한 이유를 그의 말에서 찾아봅시다(삼하 6:21).

성경적 세계관의 틀과 문화를 도구로
다음 세대를 세우는 토론식 성경공부 교재

삶이 있는 신앙 시리즈

정치
경제
사회
문화
미디어
대중매체

BIBLE

국민일보
CHRISTIAN EDU BRAND AWARD
기독교 교육 브랜드 대상

추천
전광식 고신대학교 전 총장
신국원 총신대학교 명예교수
홍민기 브리지임팩트사역원 이사장

우리가 만든 주일학교 교재는
성경적 세계관의 틀과 문화를 도구로 합니다.

왜 '성경적 세계관의 틀'인가?

진리가 하나의 견해로 전락한 시대에, 진리의 관점에서 세상의 견해를 분별하기 위해서

◇ 성경적 세계관의 틀은 성경적 시각으로 우리의 삶을 보게 만드는 원리입니다.
◇ 이 교재는 성경적 세계관의 틀로 현상을 보는 시각을 길러줍니다.

왜 '문화를 도구'로 하는가?

어린이, 청소년, 청년들의 삶에 가장 큰 영향을 끼치는 것이 문화이기 때문에

◇ 문화를 도구로 하는 이유는 우리의 자녀들이 문화 현상 속에 젖어 살고, 그 문화의 기초가 되는 사상(이론)을 자신도 모르게 이미 받아들이고 있기 때문입니다.
◇ 공부하는 학생들의 삶의 현장으로 들어갑니다(이원론 극복).

✦ **다른 세대가 아닌 다음 세대 양육**

자기 생각에 옳은 대로 하는 포스트모던적인 사고의 틀을 벗어나, 하나님의 말씀에 기초해서 생각하고 행동하는 성경적 세계관(창조, 타락, 구속)의 틀로 시대를 읽고 살아가는 "믿음의 다음 세대"를 세울 구체적인 지침서!

✦ **가정에서 실질적인 쉐마 교육 가능**

각 부서별(유년, 초등, 중등, 고등)의 눈높이에 맞게 집필하면서 모든 부서가 "동일한 주제의 다른 본문"으로 공부하도록 함으로써, 가정에서 부모와 자녀가 함께 성경에 대한 유대인들의 학습법인 하브루타식의 토론이 가능!

✦ **원하는 주제에 따라서 권별로 주제별 성경공부 가능**

성경말씀, 조직신학, 예수님의 생애, 제자도 등등

✦ **3년 교육 주기로 성경과 교리에 대한 기본적인 이해가 가능하도록 구성(삶이 있는 신앙)**

– 1년차 : 성경말씀의 관점으로 본 창조 / 타락 / 구속
– 2년차 : 구속사의 관점으로 본 창조 / 타락 / 구속
– 3년차 : 하나님 나라의 관점으로 본 창조 / 타락 / 구속

"토론식 공과는 교사용과 학생용이 동일합니다!" (교사 자료는 "삶이있는신앙" 홈페이지에 있습니다)

1 목적

부지불식간(不知不識間)에 대중문화와 또래문화에 오염된 어린이들의 생각을 공과교육을 통해서 성경적 세계관으로 전환시킨다. 이를 위해 현실 세계를 분명하게 직시함과 동시에 그 현실을 믿음(성경적 세계관)으로 바라보며, 말씀의 빛을 따라 살아가도록 지도한다(이원론 극복).

2 구성

쉐 마 분명한 성경적 원리의 전달을 위해서 본문 주해를 비롯한 성경의 핵심 원리를 제공한다(씨앗심기, 열매맺기, 외울말씀).

문 화 지금까지 단순하게 성경적 지식 제공을 중심으로 한 주일학교 교육의 결과 중 하나가 신앙과 삶의 분리, 즉 주일의 삶과 월요일에서 토요일의 삶이 다른 이원론(二元論)이다. 우리 교재는 학생들의 삶 속에서 일어나는 문화를 토론의 주제로 삼아서 신앙과 삶의 하나 됨(일상성의 영성)을 적극적으로 시도한다(터다지기, 꽃피우기, HOT 토론).

세계관 오늘날 자기중심적인 시대정신에 노출된 학생들의 생각과 삶의 방식을 성경적 세계관을 토대로 바라보게 함으로써, 자신을 돌아보고 삶에 적용하는 것을 돕는다.

3 설교

학생들이 공과의 내용을 잘 이해하고, 공과 공부 시간을 풍성하게 하기 위해서, 부서 사역자가 매주 '동일한 주제의 다른 본문'으로 설교를 한 후에 공과를 진행한다.

권별	부서별	공과 제목	비고
시리즈 1권 (입문서)	유·초등부 공용	성경적으로 세계관을 세우기	신간 교재 발행!
	중·고등부 공용	성경적 세계관 세우기	
시리즈 2권	유년부	예수님 손잡고 말씀나라 여행	주기별 기존 공과 1년차-1/2분기
	초등부	예수님 걸음따라 말씀대로 살기	
	중등부	말씀과 톡(Talk)	
	고등부	말씀 팔로우	
시리즈 3권	유년부	예수님과 함께하는 제자나라 여행	주기별 기존 공과 1년차-3/4분기
	초등부	제자 STORY	
	중등부	나는 예수님 라인(Line)	
	고등부	Follow Me	
시리즈 4권	유년부	구속 어드벤처	주기별 기존 공과 2년차-1/2분기
	초등부	응답하라 9191	
	중등부	성경 속 구속 Lineup	
	고등부	하나님의 Saving Road	
시리즈 5권	유년부	하나님 백성 만들기	주기별 기존 공과 2년차-3/4분기
	초등부	신나고 놀라운 구원의 약속	
	중등부	THE BIG CHOICE	
	고등부	희망 로드 Road for Hope	
시리즈 6권	유년부		2024년 12월 발행 예정!
	초등부		
	중등부		
	고등부		

✔ 『삶이있는신앙시리즈』는 "입문서"인 1권을 먼저 공부하고 "성경적 세계관"을 정립합니다.
✔ 토론식 공과는 순서와 상관없이 관심있는 교재를 선택하여 6개월씩 성경공부를 할 수 있습니다.

성경적 세계관의 틀과 문화를 도구로 다음 세대를 세우고,
스토리story가 있는, 하브루타chavruta 학습법의 **토론식 성경공부 교재**

성경적 시각으로 포스트모던시대를 살아갈 힘을 주는
새로운 교회/주일학교 교재!

시리즈
삶이 있는 신앙

국민일보 ◎
CHRISTIAN EDU BRAND AWARD
기독교 교육 브랜드 대상

토론식 공과(12년간 커리큘럼) 전22종 발행!

기독교 세계관적 성경공부 교재 고신대학교 전 총장 **전광식**

신앙과 삶의 일치를 추구하는 토론식 공과 성산교회 담임목사 **이재섭**

다음세대가 하나님 말씀의 진리에 풍성히 거할 수 있게 될 것을 확신 총신대학교 명예교수 **신국원**

한국교회 주일학교 상황에 꼭 필요한 교재 브리지임팩트사역원 이사장 **홍민기**

소비 문화에 물든 십대들의 *세속적 세계관*을 바로잡는 눈높이 토론이 시작된다!

발행처 : 도서출판 **삶이 있는 신앙**

공급처 : 솔라피데출판유통 / 주소 : 경기도 파주시 문발로 123 솔라피데하우스
주문 및 문의 / 전화 : 031-992-8691 팩스 : 031-955-4433
홈페이지 : www.faithwithlife.com

⊞ 다윗이 자신의 행동을 판단한 기준(관점)은 무엇입니까?

❊ 다윗의 춤에 대한 아내 미갈의 평가

⊞ **다윗의 행동에 대한 미갈의 말:** 다윗이 자기의 가족에게 축복하러 돌아오매 사울의 딸 미갈이 나와서 다윗을 맞으며 이르되 이스라엘 왕이 오늘 어떻게 영화로우신지 방탕한 자가 염치없이 자기의 몸을 드러내는 것처럼 오늘 그의 신복의 계집종의 눈앞에서 몸을 드러내셨도다 (삼하 6:20).

⊞ 겉으로 보기에 미갈의 말이 상당한 설득력을 가집니다. 상식적으로 보면, 다윗의 행동에 대한 객관적인 지적입니다. 미갈이 다윗의 행동을 부끄러워한 이유를 그녀의 말에서 찾아 적어봅시다(삼하 6:20).

⊞ 미갈이 다윗의 행동을 판단한 세계관(틀)은 무엇입니까?

❀ 다윗과 미갈의 판단 기준을 "관점에 따라 사실이 달라진다."라는 말로 설명해 봅시다.

----

2. 어떤 일이나 사건에 대해서 말하는 사람에 따라서 달랐던 것을 예로 들어봅시다(예: 내가 조금 옳지 못한 행동을 하였을 경우에 친한 친구의 평가와 불편한 친구의 평가, 내 편이 싸울 때와 상대편이 싸울 때에 대한 평가).

----

3. 자신의 표현으로 "관점에 따라 사실이 달라진다." 라는 말을 적어 봅시다.

5과
모든 주장의 배경에 있는 전제(믿음, 신념) ❶

5과의 목표

우리는 1, 2, 3, 4과에서 어떤 사람의 행동 이면에 관점(틀)이 있고, 그 관점으로 상황과 사건을 보기 때문에 동일한 일도 서로 다르게 볼 수 있다는 것을 배웠습니다. 5과에서는 그것을 전제로 믿음의 관점에서 좀 더 구체적으로 공부합니다.

복습하기 나는 다윗과 미갈 중 누구처럼 생각하는 경향이 있습니까? 거기에 대해서 하나님께서는 무엇이라고 말씀하십니까(잘하고 있다. 혹은 그렇게 하면 안 된다)?

복습하기 자신의 관점으로 성경을 해석하면 어떤 문제가 생깁니까?

1. [지식] 기독교는 종교가 아닙니다.

교회 십자가와 예배 전경

종교의 사전적 정의는 이렇습니다. "종교는 신이나 초자연적인 절대자 또는 힘에 대한 믿음을 통하여 인간 생활의 고뇌를 해결하고 삶의 궁극적인 의미를 추구하는 문화 체계이다." 그러면서 종교 안에 기독교를 포함시킵니다. 그런데 사실 기독교는 종교 안에 들어갈 수가 없습니다. 초자연적인 절대자 또는 힘에 의존해서 삶의 문제 해결을 추구하고 삶의 의미를 발견하는 **사람 중심적인 종교(살아 있는 사람을 위한 종교)**와 하나님의 영광을 위해 사람이 존재하는 **하나님 중심의 기독교(삶과 죽음의 경계를 넘나드는 기독교)**는 전혀 다르기 때문입니다. 이 세상에서만 힘을 발휘하는 일반 종교와 시간과 공간을 뛰어 넘어 영원을 넘나드는 기독교는 근본적으로 다릅니다.

[질문] 기독교가 종교일 수 없는 이유를 말해 봅시다.

----

2. [믿음과 이해] 이해를 시켜주면 믿겠다고 하지만, 사실 대부분의 사람들은
믿기 때문에 이해합니다.

예수님의 십자가와 부활, 그로 인해 우리에게 주어지는 생명은 시간과 공
간의 제약을 받는 사람의 이성으로는 완전하게 이해할 수도 설명할 수도
없습니다. 그런데 사람들은 자신이 가진 좁은 이성이 무한한 줄 착각하며
그것을 이성으로 설명하려고 합니다. 하지만 이것은 거의 불가능에 가깝습
니다. 근본적으로 사람의 이해력에 한계가 있기 때문입니다. 이것을 극복하
는 것이 '믿음'이고, 우리 주변의 핵심적인 것들 대부분이 이 믿음에 기초
해 있습니다.
그 중에 가장 대표적인 것이 부모와 자녀의 관계입니다. 모든 사람은 함께
하는 부모가 진짜 자신의 부모인지 전혀 확인하지 않습니다. 자신과 부모
의 DNA가 일치하는지 확인하는 사람은 거의 없습니다. 그런데도 어떤 남
녀를 부모라 부르고 따릅니다. 그들이 자신의 부모인지 확인한 적이 없는
데도 부모라고 부르는 이유는 부모된 당사자와 주위 사람들이 그들을 부
모라고 하는 말을 믿기 때문입니다(간혹 드라마나 실제 현실에서 보면, 평
생을 부모라고 부르다가 어떤 사고가 나서 혈액 검사를 하다가 부모라고
부르는 분들에게서 나올 수 없는 혈액형임을 발견하고 확인을 하다가, 병
원에서 바뀐 것을 발견할 때가 있습니다. 그러면 그때부터 부모가 되지 않

습니다. 그러나 이전에는 그렇게 불렀습니다).

이해하고 확인하고 믿는 것이 아니라, 맹목적인 믿음에 기초해서 계속해서 믿습니다. 확인이 아니라 믿음입니다. 이처럼 사람은 출생부터 믿음을 붙잡고 살고, 그 믿음으로 평생을 삽니다. 우리가 세상에서 이해와 확인한 후에 믿는 것보다, 믿음으로 이해하는 것이 훨씬 더 많습니다.

[질문] 자신을 돌아봅시다. 믿고 이해하는 것이 많습니까, 눈으로 확인하고 믿는 것이 많습니까?

----

3. [믿음(전제)] 믿음(신념)은 거의 모든 이해의 토대(기초)입니다.

일반 사람들과 세상 학문은 기독교가 가진 믿음이 허무맹랑하다고 합니다. 우습게 보는 경우도 있습니다. 그러면서 어떤 사람은 하나님을 보여주면 믿겠다고 합니다. 그 말의 이면에는 보지 않으면 믿을 수 없다는 것입니다. 그러나 실제로 이 말을 하는 사람이 하나님을 믿는 사람보다 훨씬 더 비이성적입니다. 이 사람의 삶을 보면 거의 대부분이 믿음에 기초해 있기 때문입니다. 그러면서 유독 하나님, 천국, 십자가, 부활과 같은 것들만 이해를 요구하고 있기 때문입니다.

예를 들어보면, 고층 아파트에 사는 사람들은 어떻게 거기서 삽니까? 2, 3층 교실에서 공부하는 학생들은 어떻게 거기서 공부를 합니까? 그 건물이 무너지지 않는다는 믿음이 있기 때문입니다. 무너지지 않는다는 믿음이 있기 때문에 그곳에 들어가 잠도 자고, 공부도 합니다. 그러면 그 건물이 절대로 무너지지 않습니까? 결코 그렇지 않습니다.

그전에 '성수대교'라는 다리가 무너졌습니다.

그날, 그 시간에 적지 않은 자동차들이 그곳을 지나가다가 참변을 당했습니다. 왜 갔습니까? 무너지지 않으리라는 믿음이 있었기 때문입니다. 그런데 무너졌습니다. 예전에 '삼풍백화점'이 무너졌습니다. 많은 사람이 죽고 다쳤습니다. 왜 죽고 다쳤습니까? 백화점이 무너지지 않을 것이라고 믿고, 거기에서 쇼핑을 하다가 그렇게 되었습니다.

고층 건물이 무너지지 않을 확률이 높은 것이지 절대로 무너지지 않는다고 장담할 수는 없

습니다. 사실 과학의 시작도 하나님께서 우주 만물을 만드셨다면 일정한 운행 법칙이 있을 것이라는 믿음에서 시작했습니다. 이렇게 볼 때, 기독교의 믿음을 이상하게 보는 그 사람들이 실제 이상한 사람들입니다. 자신들은 믿음으로 살면서, 우리에게 믿음을 버리라고 하는 것이기 때문입니다(무엇인가 생각이 많은 것 같지만, 실제는 생각이 거의 없는 사람들입니다).

[질문] 일상에서 믿음으로 살아가고 있는 것들의 예를 들어봅시다(길 위를 걸어가는 것과 땅의 지진 등).

모든 주장의 배경에 있는 전제(믿음, 신념) 2

6과의 목표

우리는 5과에서 거의 대부분의 사람들이 믿음으로 살아가고 있음을 배웠습니다. 6과에서는 그것을 기초로, 성경 말씀을 믿는 것이 우리에게 얼마나 중요한지를 공부합니다.

> **복습하기** "거의 대부분의 사람들이 믿음을 기초로 살아간다."라는 말을 나누어
> 봅시다.

1. [진리와 전제(믿음, 신념)] 진리는 이해나 확인, 검증을 통해서 진리가 되는
   것이 아니라, 그런 것이 없어도 그 자체가 '진리' 입니다.

예수님이 부활을 보지 못했기 때문에 믿지 않겠다던
도마를 향해서 이렇게 말씀하셨습니다. "보지 않고
믿는 자가 복되도다(요 20:29)." 이 말은 보지 않고
도 믿는 믿음의 귀함에 대한 말씀이기도 하지만, 부
활을 보지 못했다고 해서 거짓이나 비진리가 되는
것이 아니라는 말씀이기도 합니다.

분명한 사실은 논리나 증명이 되거나 그렇지 않게 되거나 무관하다는 사실
입니다. 조선시대 때, 광화문 앞에 비행기를 두고 사람들에게 이 물체가 하
늘을 난다고 하면 모두 미쳤다고 할 것입니다. 작은 못을 던져도 땅으로 떨
어지고 물속에 빠지는데, 그보다 수천수만 배가 더 큰 쇳덩어리가 하늘을
난다는 것은 누가 봐도 말이 되지 않기 때문입니다.

그러나 그들의 믿음의 여부와는 무관하게 비행기는 하늘을 납니다. 비행기
가 난다는 것을 믿는다고 해서 날고, 믿지 않는다고 해서 날지 않는 것이
아닙니다. 믿어도 날고 안 믿어도 납니다. 이해의 유무와 비행기가 하늘을
나는 것 사이에는 상관관계가 없습니다.

'예수님의 구원' 이 그렇습니다. 이해할 수 없기 때문에 믿을 수 없다고 말

할 수 있습니다. 그러나 우리 자신의 믿음의 여부와 무관하게 그것이 사실인 것은 변하지 않습니다. 선택은 우리 각자에게 달려 있습니다. 비행기가 날 것을 믿고 올라타면 함께 하늘을 날 수 있는 것처럼, 예수님을 믿으면 구원을 얻습니다. 하지만 말이 되지 않는다고 믿지 않으면 하늘을 날 수 없는 것처럼, 예수님을 믿지 않으면 결코 영원한 생명을 얻지 못합니다.

[질문] 어떤 사람이 남자를 여자라고 하면서, 주변에 있는 모든 사람을 설득했습니다. 그래서 모든 사람이 그 남자를 여자라고 했습니다. 이때 그 남자는 여자입니까, 남자입니까? 이것을 "어떤 경우에도 사실은 변하지 않는다."라는 말로 설명해 봅시다.

2. [이해의 기초가 되는 생각을 믿을 수 없는 이유] 사람의 생각은 죄를 낳습니다.

사람을 동물과 구분할 때, '생각'을 꼽습니다. 생각하는 듯한 동물도 여럿 있지만, 그것은 사람이 하는 생각과 엄청난 차이가 있습니다. 그래서 사람의 사람다움을 '생각할 수 있는 것'에서 찾습니다. 그런데 성경을 보면 이 생각이 모든 문제를 만들어낸 근원이고, 계속해서 문제를 만들고 있습니다. 하와가 뱀의 꼬임에 넘어가서 선악과를 먹을 때, 생각에 문제가 생겼었습니다. 창세기 3장 4-6절입니다.

> 4 뱀이 여자에게 이르되 너희가 결코 죽지 아니하리라
> 5 너희가 그것을 먹는 날에는 너희 눈이 밝아져 하나님과 같이 되어 선악을 알 줄 하나님이 아심이니라
> 6 여자가 그 나무를 본즉 먹음직도 하고 보암직도 하고 지혜롭게 할 만큼 탐스럽기도 한 나무인지라

6절은 하와의 마음에서 일어났던 일, 즉 그녀의 '생각'이었습니다.
이 생각은 타락 이후에 더욱 심각해집니다. 죄를 지은 사람은 철저하게 자기중심적이 되었습니다. 그러므로 이 '자기중심성'이 모든 문제의 시작입니

다. 그런데 사람들이 그것을 정상적인 것으로 여기고 달려가니까 해결이 불가능하고, 문제는 더욱 심각해집니다. 사람의 생각이 자기중심적이고, 그 결과는 죄를 더욱 강화하는 것이 되기 때문입니다.

이와 관련된 정신적인 질병이 있는데, '리플리증후군(공상허언증)'이 그것입니다. 이 질병은 마음속으로 강렬하게 꿈꾸는 것을 현실에서 이룰 수 없을 때, 그것이 가능한 세계를 스스로 만듭니다. 그리고 그 가공의 세계를 진짜라고 믿고 자신이 처한 답답한 현실을 허구라고 믿는 인격 장애입니다. 예를 들어, 특정 학교를 나오지 않았는데, 특정 기업을 다니지 않았는데, 어떤 특정한 사람과 결혼하지 않았는데, 자신은 그 모든 것을 사실이라고 생각합니다. 모두 거짓으로 판명이 나도 인정하지 않습니다. 이것이 인격 장애인 이유는 다른 사람들은 모두 질병이라고 하는데 혼자만 질병이 아니라고 하기 때문입니다.

리플리증후군까지는 아닐지 모르지만, 아담과 하와가 선악과를 먹고 난 뒤의 모든 사람이 죄를 강화하면서도 아무런 문제를 느끼지 못하는 자기중심성의 병을 가지고 있습니다. 자기중심성 자체가 병이고,  거기에서 나오는 생각들의 결과는 하나님과 멀어지는 죄입니다. 처음에는 모두의 유익을 위하는 것 같고, 그 생각을 한 사람은 다른 사람을 위하는 것 같지만, 그 마지막은 결국 죄로 마쳐집니다.

[질문] 생각을 믿을 수 없는 이유는 자기중심적이기 때문입니다. 사람이 자기중심적인 것이 왜 사람과 하나님 모두에게 문제가 됩니까? 선악과를 먹고 타락한 하와의 예를 들어 서로 나누어 봅시다.

----

3. [생각을 믿을 수 있는 유일한 길] 말씀으로 새로워진 생각만이 유익한 결과를 만듭니다.

사람이 타락하여 죄를 짓게 되었는데, 그 핵심적인 역할을 하는 것이 생각(이성)입니다. 창세기 8장 21절은 이런 사람의 모습을 이렇게 말합니다. "사람의 마음이 계획하는 바가 어려서부터 악함이라." 예레미야 17장 9절은 이렇게 말합니다. "만물보다 거짓되고 심히 부패한 것은 마음이라." 로마서 3장 10-12절은 이런 사람의 부패하고 악한 마음의 결과를 이렇게 말합니다. "의인은 없나니 하나도 없으며 깨닫는 자도 없고 하나님을 찾는 자도 없고 다 치우쳐 함께 무익하게 되고 선을 행하는 자는 없나니 하나도 없도다."

이런 사람의 모습을 바꿀 유일한 길이 성경 말씀입니다. 성경적으로 생각하는 것입니다. 말씀으로 우리를 채운 후, 그 말씀을 기초로 생각을 하는 것입니다. 그렇게 되면, 그때부터 우리가 하는 생각은 우리의 생각이 아니라 말씀이 됩니다. 말씀을 토대로 생각을 하기 때문입니다. 이것을 히브리서 4장 12절에서 "하나님의 말씀은 살아 있고 활력이 있어 좌우에 날선 어떤 검보다도 예리하여 혼과 영과 및 관절과 골수를 찔러 쪼개기까지 하며 또 마음의 생각과 뜻을 판단하나니"라고 말씀합니다.

그러므로 우리는 자신이 배운 세상의 지식이나, 배경, 환경을 토대로 생각하고 판단하기 전에 성경으로 돌아가야 합니다. 이것은 믿을 수 없는 우리의 생각을 바르게 하도록 하는 하나님의 명령이기도 합니다. 고린도후서 10장 5절에서는 "하나님 아는 것을 대적하여 높아진 것을 다 무너뜨리고 모든 생각을 사로잡아 그리스도에게 복종하게 하니"라고 말씀합니다.

이렇게 하면 하나님이 우리의 마음과 생각을 지켜 주셔서, 우리의 생각을 믿을 수 있게 되고, 유익한 하나님의 사람이 됩니다. 빌립보서 4장 6-7절에서 "아무 것도 염려하지 말고 다만 모든 일에 기도와 간구로, 너희 구할 것을 감사함으로 하나님께 아뢰라 그리하면 모든 지각에 뛰어난 하나님의 평강이 그리스도 예수 안에서 너희 마음과 생각을 지키시리라"고 말씀합니다.

[하나님의 말씀으로 거듭나야 할 이성] 크리스천은 자신이나 세상 지식이 준 생각이나 관점이 아니라, 말씀을 토대로 생각하고 행동해야 합니다. 생각이라고 해서 모두 같은 가치를 가지는 것이 아닙니다. 죄의 본성에 기초한 생각이 있고, 예수님의 보혈로 거듭나서 말씀에 복종하는 생각이 있습니다. 예수님을 믿는다고 하면서도 여전히 세상 지식을 따르는 것은 생각을 말씀에 복종시키지 않기 때문입니다. 예수님을 믿는 사람의 생각은 말씀으로 새로워져야 합니다.

7과

일반적 세계관과 성경적 세계관의 차이: 다르다 vs 틀리다 ①

7과의 목표

우리는 5, 6과에서 사람들이 가지는 생각에 심각한 문제가 있음을 배웠습니다. 또한 이 생각이 성경 말씀을 따를 때만 올바르게 된다는 것도 배웠습니다. 7과에서는 그것을 '다르다와 틀리다'로 살펴보면서, 일반적 세계관과 성경적 세계관의 차이를 공부합니다.

복습하기 성경 말씀에 기초한 생각과 세상 지식을 기초로 하는 생각은 각각 어떤 결과를 가지고 옵니까(자기중심성 vs 하나님 중심성)?

1. 아래의 질문에 대답해 봅시다.

❀ 나는 틀리다라는 말을 _____ 때 사용합니다.

❀ 나는 다르다라는 말을 _____ 때 사용합니다.

❀ 나는 틀리다와 다르다라는 말을 구분 없이 사용합니다.

2. '틀리다(옳고 그름)' 라는 말을 사용하는 경우

성경적 세계관

일반적 세계관

❀ '틀리다' 라는 말은 모든 사람이 어떤 것을 평가하는 기준이 동일할 때, 혹은 함께하는 사람들이 어떤 것을 판단하는 동일한 기준을 가지고 있을 때 사용합니다. 예를 들어서, 우리나라는 설날에 온 가족이 모여서 할아버지, 할머니에게 가장 먼저 세배하는 것을 당연하게 여깁니다. 만약 어떤 아이가 할아버지, 할머니가 계신데 부모님에게 먼저 세배를 하겠다고 하면 틀렸다고 하면서 바른 것을 가르칩니다.

✤ 나는 동성애에 대해서 옳고 그름으로 접근한다( ). 다름으로 접근한다( ). →
성경의 기준을 가지고 있으면 옳고 그름으로 볼 것이고, 세상의 기준을 가지고
있으면 다름으로 볼 것입니다.

3. '다르다' 라는 말을 사용하는 경우

✤ '다르다' 라는 말은 어떤 것을 평가하는 기준이 서로 다를 때 사용합니
다. 앞에서 배운 말로 하면, 서로 다른 각자의 관점(틀)을 가지고 있을
때, 사용합니다. 위에 들었던 새해 첫날, 세배 이야기를 보겠습니다. 동일
한 기준을 가지고 있는 사람들 사이에서, 온 가족이 모여서 가장 나이가
많은 분에게 먼저 세배를 해야 하는 것은 옳고 그름의 문제입니다. 그런
데, 만약 그들 중에 미국 사람이 있다면 상황이 달라집니다. 그 미국 사
람은 세배 문화가 없는 환경에서 자랐습니다. 그 미국의 정서와 한국의
정서가 다릅니다. 그때, 외국 사람이 자신에게 가까이 있는 사람에게 포
옹(허그 hug)의 인사를 했다면, 문화의 차이가 있어서 인사 방법이 다르
다고 하면서, 차이를 설명해 주는 것이 맞습니다. 이때는 옳고 그름이 아
니라 다름입니다.

✤ 나는 연예인들이 먼저 아기를 임신하고 나중에 결혼하는 것에 대해서 옳고 그름
으로 접근한다( ). 다름으로 접근한다( ). → 성경의 기준을 가지고 있으면 옳
고 그름으로 볼 것이고, 세상의 기준을 가지고 있으면 다름으로 볼 것입니다.

4. 옳고 그름의 자리를 다름이 채우고 있는 사회

✤ 우리가 살아가는 시대를 '포스트모더니즘시대' 라고 합니다. 그 특징이
다원주의, 상대주의입니다. 간단하게 말하면, 절대적인 진리는 없고 어떤
주장이든 수용하고 받아들여야 한다는 것입니다. 이렇게 되면 어떤 것을
평가하는 동일한 기준을 가지는 것이 불가능합니다. 이를 달리 표현하면,

각자가 가지고 있는 생각이 자신에게 진
리가 됩니다. 물론 다른 사람에게 그것은
진리가 되지 않을 수도 있습니다.

MODERNISM
POSTMODERNISM

✤ 이렇게 되면 거의 대부분의 판단에서 옳고 그름이 아니라, 다름과 이해
로 접근해야 합니다. 어떤 것을 평가하는 동일한 기준을 가지고 있지 않
기 때문입니다. 이런 사회 분위기는 자연스럽게 성경이라는 절대 기준으
로 세상을 옳고 그름으로 접근하는 기독교와 크리스천을 싫어합니다. 크
리스천에게 기독교의 진리는 옳고 그름의 기준이 되지만, 예수님을 믿지
않는 이들에게는 다양한 주장들 중 하나에 불과하기 때문입니다.

✤ 자신이 상식이라고 여기는 것을 다른 사람이 그렇게 받아들이지 않는 것을 경
험한 적이 있습니까(예: 주일날 교회에 가는 것이 당연한데, 왜 교회를 가느냐
고 묻는 경우)?

----

5. 기독 청소년은 이렇게 '다르다' 와 '틀리다' 를 사용해야 합니다.

✤ 기독 청소년에게 성경의 가르침과 다르면, 틀린 것입니다. 안 믿는 사람
들이 뭐라고 하든지, 우주 만물의 주인은 하나님이시고, 그 하나님의 말
씀인 성경은 절대 진리입니다. 그러므로 성경과 다른 것은 틀린 것입니다.
예를 들어, 세상 모든 사람이 따르는 법이라도 그것이 성경과 다르면, 그
법은 틀린 것입니다. 핵심은 하나님의 말씀과 비교할 때, 말씀에 부합하
면 옳고 부합하지 않으면 틀린 것입니다.

✼ 성경의 가르침 외에 각자의 주장, 신념, 생각의 차이는 다른 것입니다. 예를 들어서, 조용한 성격과 활발한 성격, 어떤 행동에 대해 서로 주장을 하는 것 등은 다른 것이지 틀린 것이 아닙니다. 핵심은 하나님의 말씀 외에 모든 것은 다름입니다.

✼ 기독 청소년은 다음 각각의 경우에 '다르다(다름)'와 '틀렸다(옳고 그름)' 중에서 무엇을 사용해야 합니까? 그리고 그 이유는 무엇입니까?

⊞ 동성애를 반대하거나 찬성하는 것:

⊞ 친한 친구들과 놀러가는 데 가지 않는 것:

⊞ 어떤 사람을 좋아하거나 싫어하는 것:

8과

일반적 세계관과 성경적 세계관의 차이: 다르다 vs 틀리다 ❷

8과의 목표

우리는 7과에서 '다르다와 틀리다'를 통해서, 일반적 세계관과 성경적 세계관의 차이를 공부했습니다. 8과에서는 이와 관련된 실제적인 것을 공부합니다.

1. 성경적 세계관은 다름이 아니라, 옳고 그름으로 접근합니다.

❀ 하나님의 말씀을 옳고 그름이 아닌 다름으로 판단해서 어려움에 처한 나아만

⊞ 열왕기하 5장에 하나님의 사람 엘리사에게 병
을 고치러 온 아람의 군대 장관 나아만의 이야
기가 나옵니다. 엘리사는 병 고침 받기 원했던
나아만에게 요단강에 가서 몸을 일곱 번 씻으
라고 합니다.

⊞ 하나님의 사람의 말은 하나님의 말씀입니다. 그러므로 그대로 따라하
면 됩니다. 그런데 군대 장관 나아만이 그렇게 하지 않았습니다. 자신
의 생각과 하나님의 말씀이 달랐고, 나아만이 자신의 생각을 고집했
기 때문입니다. 이것을 열왕기하 5장 11절은 이렇게 말합니다. "나아
만이 노하여 물러가며 이르되 **내 생각에는** 그가 내게로 나와 서서 그
의 하나님 여호와의 이름을 부르고 그의 손을 그 부위 위에 흔들어
나병을 고칠까 하였도다."

⊞ 나아만이 병 고침 받기를 원했고, 엘리사가 나을 방법을 가르쳐주었
   는데도 그는 왜 그렇게 화를 냈습니까?

⊞ 나아만이 가졌던 생각의 기준(관점)은 무엇입니까?

❀ 하나님의 말씀을 옳고 그름으로 받아들여 위대한 하나님의 사람이 된 사도 바울

⊞ 사도 바울은 예수님 믿는 사람을 잡기 위해 다
   메섹으로 가던 도중에 예수님을 만납니다. 그
   후로 그는 예수님의 말씀에 어긋난 행동을 하
   지 않습니다. 누구보다 똑똑하고 탁월한 지식인
   이었기에, 주어진 상황을 이해하고 판단하며 대
   처할 능력이 충분했음에도 그는 언제나 하나님의 말씀에 순종했습니다.

⊞ 가장 대표적인 사건이 아시아에서 복음 전하기를 원했던 그가 성령님
   의 말씀에 따라 유럽으로 복음 전파의 길을 바꾼 것입니다. 사도행전
   16장 6-10절은 이것을 이렇게 말합니다. **"성령이 아시아에서 말씀을
   전하지 못하게 하시거늘** 그들이 브루기아와 갈라디아 땅으로 다녀가
   무시아 앞에 이르러 비두니아로 가고자 애쓰되 **예수의 영이 허락하지**

 **아니하시는지라** 무시아를 지나 드로아로 내려갔는데 밤에 환상이 바울에게 보이니 마게도냐 사람 하나가 서서 그에게 청하여 이르되 마게도냐로 건너와서 우리를 도우라 하거늘 바울이 그 환상을 보았을 때 우리가 곧 마게도냐로 떠나기를 힘쓰니 이는 **하나님이 저 사람들에게 복음을 전하라고 우리를 부르신 줄로 인정함이러라.**"

⊞ 누구보다 탁월한 지성과 판단력을 가졌던 사도 바울이 어떻게 자신이 원하는 것을 접고 유럽으로 건너갔습니까? 옳고 그름 vs 다름으로 설명해 봅시다.

⊞ 사도 바울이 가졌던 생각의 기준(관점)은 무엇입니까(옳고 그름이라는 성경적 세계관)?

⊞ 다르다와 틀리다의 관점에서 나아만과 사도 바울의 말과 행동을 설명해 봅시다.

----

2. 심화학습

❀ **이성에서의 도피:** 모든 사람은 죄로 물들어서 생각하는 것이 악합니다(6과 1번을 찾아서 읽어 봅시다. 복음주의 신학자 프란시스 쉐퍼는 이런 타락한 이성의 생각을 피하라는 의미로 『이성에서의 도피』라는 책에서 강조했습니다).

⊞ 예레미야 17장 9절은 사람의 마음이 어떻다고 합니까?

❀ **말씀 안에서 거듭난 이성:** 하나님의 말씀으로 거듭난 사람들의 생각이 희망입니다(6과 2번을 찾아서 읽어 봅시다. 사람이 예수님을 믿고 말씀에 복종하며, 그 다음부터는 어떤 생각을 해도 아름답게 됩니다. 말씀에 기초해서 생각하고 판단하고 행동하기 때문입니다).

⊞ 히브리서 4장 12절은 말씀이 우리를 어떻게 한다고 합니까?

----

3. 자신의 표현으로 "다르다와 틀리다" 라는 말을 적어 봅시다.

9과

성경적 세계관의 핵심: 창조-타락-구속

9과의 목표

우리는 7, 8과에서 일반적 세계관과 성경적 세계관의 차이를 공부하면서, 성경적 세계관이 옳고 그름의 기준임을 공부했습니다. 9과에서는 성경적 세계관의 핵심인 창조-타락-구속을 공부합니다.

복습하기 옳고 그름(틀리다)과 다름(다르다)은 각각 언제 사용합니까?

1. "크리스천은 이 세상에 살지만, 이 세상에 속해 있지는 않다." 라는 말이 있습니다. 크리스천은 이 세상에 있지만, 시민권은 천국에 있습니다. 성경은 이런 크리스천의 정체성을 '나그네', '순례자' 라고 합니다.

❀ 공항에서 초보 여행자와 많은 여행의 경험을 가지고 있는 여행자를 구별하는 간단한 방법이 있는데, 짐의 양입니다. 초보자와 경험 많은 여행자 중에 누가 짐을 많이 들고 다닙니까? 그 이유는 무엇입니까? 이 원리는 이 세상을 나그네와 순례자로 살아가는 크리스천에게도 적용이 됩니다.

2. 기독 청소년이 성경적 세계관을 가져야 하는 이유가 많겠지만, 그 중에는 다음 3가지가 있습니다.

❀ **첫째, 성경 진리의 절대성을 세상에서 보이기 위함입니다.** 기독 청소년도 여러 세계관의 차이를 인정합니다. 그러나 어떤 세계관도 성경과 다를 때는 틀렸다고 합니다. 예수님을 믿는 기독 청소년은 성경이 모든 것의 기준임을 분명히 해야 합니다.

❀ **둘째, 다른 것과 틀린 것을 구분하기 위함입니다.** 우리는 인터넷, 방송, 학교에서 배운 내용 등과 같은 것으로부터 끊임없이 영향을 받습니다. 그리고 그것을 그대로 두면, 그런 것들의 영향을 받게 되고, 결국은 거기에 휩쓸리게 됩니다. 이것을 막고, 올바른 길로 나아가게 해 주는 것이 성경입니다. 그러므로 기독 청소년

은 항상 성경에 비추어 자신의 세계관을 점검해야 합니다.

🌸 **셋째, 신앙생활과 일상생활을 구분하는 이원론(Dualism)을 극복하기 위함입니다**(이원론은 신앙과 삶을 분리하거나 구분하는 것입니다). 성경은 "행함이 없는 믿음은 죽은 것"이라고 합니다. 공부를 잘하기 위해서 편법으로 좋은 성적을 얻고, 하나님께 감사하는 것은 성경적이지 않습니다. 교회에서의 생활과 가정과 학교에서의 생활이 다르면 안 됩니다. 성경의 원리를 삶에 적용하여, '삶이 있는 신앙'의 사람이 되어야만 합니다.

3. '성경적 세계관' 의 핵심은 아래와 같습니다.

🌸 **창조**: 하나님이 세상을 선하게 창조하셨습니다.
🌸 **타락**: 사람의 죄로 인해서 창조 세계 전체가 타락했습니다.
🌸 **구속**: 예수님의 십자가 보혈과 부활의 구속을 통해서 창조 세계가 회복되었습니다.
🌸 **현재**: 하나님의 창조와 인간의 타락, 예수님의 구원을 믿는 기독 청소년은 단순한 암기나 지식을 넘어, 이것이 삶의 이유와 목적이 되는 '삶이 있는 신앙(세상에서 빛과 소금, 코람데오Coram Deo)'의 사람이 되어야만 합니다.

> ⊞ 창조, 타락, 구속의 성경적 세계관의 핵심은 '생명'입니다. 하나님이 아담과 하와에게 영생의 가능성을 주셨는데, 타락으로 죽음이 찾아왔습니다. 예수님의 십자가는 이 사망을 이기고 영생의 가능성을 넘어, 확실한 '영생'을 주시기 위함입니다.
> ⊞ 이 생명의 핵심은 이 세상과 영원을 아우르는 예수님 안에서 누리는 부활의 생명입니다. 그러므로 크리스천 삶의 목표는 생명, 즉 영혼 구원입니다. 무엇을 하든지, 어떻게 살든지 그 궁극적인 목표는 생명을 살리는 것입니다.

1) 창조: 인간의 범죄 이전 창조 세계는 선합니다(딤전 4:4-5).

🌸 **창조**: 창조라는 말은 이중적인 의미를 가집니다.

⊞ **먼저는 하나님의 창조 행위로서의 창조입니다.** 하나님께서 우주 만물을 만드셨고, 그것이 운행되도록 지금도 역사하시며, 주관하고 계십니다.

⊞ **다음으로 하나님께서 창조하신 질서와 통치로서의 창조입니다.** 태초에 우주 만물을 말씀으로 창조하신 창조주시요 주권자(통치자)이신 하나님께서 지금도 창조 세계를 운영하십니다. 그러므로 매일 세계를 보존하시고 다스리시는 하나님의 **섭리 사역**은 세계를 말씀으로 창조하신 **창조 사역**과 분리될 수 없습니다.

❁ **창조의 범위:** 하나님의 창조 질서는 우리 사회의 모든 영역에까지 미칩니다. 다시 말해서 인간 삶의 그 어떤 부분도 창조된 질서에 속하지 않을 수 없습니다. 가정, 교회, 기업, 국가 등 모든 제도는 저마다의 독특한 특징들이 있지만, 그 기초는 하나님께서 만드셨습니다. 그러므로 이 세상 어떤 것도 하나님께 속하지 않은 것이 없습니다.

❁ **창조의 발전:** 하나님께서는 하나님의 형상(Imago Dei)인 사람을 땅 위에 세우시고 그에게 그 일을 계속할 것을 명령하셨습니다. 이것을 '문화명령'이라고 합니다. 사람은 생육하고 번성하여 땅에 충만하고, 다스리도록 부르심을 받았습니다. 우리가 이 사실을 놓치면, 학교나 사업체, 대중 매체들을 교회와 관련이 없는 것으로 보게 됩니다. 그러면 우리는 교회와 직접적으로 관련이 없는 것들을 세상 문화라고 여기는 잘못을 범하게 됩니다. 정치, 예술, 영화, 컴퓨터 공학, 인터넷, 사업, 경영과 같은 영역 모두가 하나님의 것이고, 우리가 이것들을 통해서 하나님을 더욱더 잘 섬길 수 있습니다.

2) 타락: 타락은 아담과 하와가 저지른 범죄의 결과가 선한 창조 세계 전체에 미친 결과입니다.

❁ **타락의 범위:** 아담과 하와의 불순종으로 창조 세계 전체가 대재난에 빠졌습니다.

⊞ 성경은 인간의 타락이 하나님의 창조의 선함에 따라 살기를 거부한 행위의 결과라고 이야기합니다.
⊞ 인간의 타락은 창조 세계(지상적 영역) 전체의 타락과 연관되어 있습니다.

⊞ 하나님의 창조가 지닌 선한 것들은 잘못 사용되고 왜곡되며 죄의 목적으로 사용됩니다.

⊞ 죄는 인간사의 전 영역을 넘어서 전체 자연 세계까지 폭넓게 영향을 미칩니다(창 3:17).

⊞ **죄와 창조와의 관계**: 죄는 창조 세계 바탕에 존재하는 기생충입니다.

❀ **성경 속 '세상'** : 죄의 지배를 받는, 구속받지 못한 삶의 전부를 말합니다.

3) 구속: 예수님께서 십자가에서 이루신 구원의 적용으로 인간을 비롯한 모든 창조 세계가 선한 상태로 회복되는 것을 의미합니다.

❀ **구속의 범위**: 우리는 앞에서 창조만큼 타락이 영향을 미쳤음을 살펴보았습니다. 구속도 창조와 타락과 동일 선상에 있습니다. 창조 세계의 영역만큼 영향을 미친 타락과 같이 구속은 창조 세계의 모든 영역을 회복합니다. 이것은 예수님의 십자가 구원이 창조 세계 전체에 영향을 미친다는 의미입니다.

❀ **회복으로서의 구원**: 첫째 아담의 타락이 창조 세계 전체의 파멸이었듯이, 둘째 아담인 예수님의 속죄하는 죽음은 '온 세상의 구원'입니다. 예수님의 구속은 그리스도의 피를 통한 죄의 무효화의 선언임과 동시에 모든 곳에 미친 죄의 영향력을 점진적으로 제거하려는 노력을 통해 창조 세계의 선함을 회복하는 것입니다.

⊞ 우리나라의 정치, 경제, 사회, 교육, 문화를 올바른 방향으로 가게 할 수 있는 사람은 크리스천뿐입니다. 믿지 않는 사람들이 하면, 타락한 본성에서 나오는 생각에 기초하기 때문에 결국은 자기중심적으로 갈 수밖에 없습니다.

4. 자신의 표현으로 창조-타락-구속이라는 말을 적어보고, 그것을 자신의 삶에 적용해 봅시다(하나님의 형상으로 창조되었지만, 타락으로 왜곡된 나, 예수님의 피로 새로워진 내가 해야 할 것).

10과

성경적 세계관의 실제: '삶이 있는 신앙'

우리는 9과에서 창조, 타락, 구속의 성경적 세계관의 원리를 살펴보면서, 그것의 실제적인 모습이 **'삶이 있는 신앙'**이라는 것을 확인했습니다. 10과에서는 삶이 있는 신앙의 구체적인 내용을 공부합니다.

성산교회 삶이 있는 신앙

복습하기 창조, 타락, 구속 각각의 범위는 어디까지 입니까? 그리고 그 범위가
나의 삶과 무슨 관계가 있습니까?

1. **기독 청소년은 신앙을 교회로 제한하고 일상은 세상 방식으로 사는 신앙과
삶의 분리가 아니라, 일상생활도 성경적 세계관을 따라 사는 세상과 구별된
삶을 살아야 합니다.** 물론 신앙과 삶의 일치를 추구하는 삶의 목표는 하나님
의 영광이고, 구체적으로는 영혼 구원입니다.

❀ 예수님은 우리에게 세상에서 빛과 소금이 되라고 하셨습니다.

   ⊞ 세상에서 빛과 소금이 되려면, 분리가 아니
   라 구별되어야 합니다.

   ⊞ **"빛의 삶의 핵심은 구별입니다."** 빛이 오면 어
   두움이 물러갑니다. 힘이 약한 친구가 괴롭
   힘을 당할 때, 나도 손해를 볼까 봐 피하지 않고, 당당하게 옳지 않음
   을 이야기하고, 괴롭힘을 당하는 급우의 친구가 되어 주는 것이 여기
   에 속합니다. 한 마디로 빛의 삶은 세속적 세계관의 원리와 다른 나의
   모습으로 인해 주위를 놀라게 하는 것입니다.

⊞ 학교생활에서 빛의 삶의 모습이 있습니까?

⊞ **"소금의 삶의 핵심은 희생과 섬김입니다."** 소금이 자신을 녹여서 음식에 맛을 내고, 장기간 음식을 보존하게 하는 것과 같은 원리입니다. 누군가는 꼭 해야 하는 일인데, 다른 친구들이 하기 싫어하는 것을 내가 솔선수범하는 것이 여기에 속합니다.

⊞ 학교생활에서 소금의 삶의 모습이 있습니까?

----

2. **성경은 예수님을 잘 믿는 것을 이렇게 말합니다.** "누구든지 스스로 경건하다 생각하며 자기 혀를 재갈 물리지 아니하고 자기 마음을 속이면 이 사람의 경건은 헛것이라 하나님 아버지 앞에서 정결하고 더러움이 없는 경건은 곧 고아와 과부를 그 환난 중에 돌보고 또 자기를 지켜 세속에 물들지 아니하는 그것이니라(야고보서 1:26-27)." 정말 좋은 신앙은 구체적으로 약하고 소외된 고아와 과부로 대표되는 이웃을 돌아보고, 자신을 믿음 안에 잘 지키는 '삶이 있는 신앙' 입니다.

3. 세상에서 빛과 소금의 삶이 '삶이 있는 신앙' 입니다.

❀ 성경은 우리에게 과정에 성실하라고 합니다. 그 이유는 결과를 주관하시는 분이 하나님이시기 때문입니다. 이처럼, 기독교는 결과가 아니라 과정에 충실할 것을 가르칩니다. 수단과 방법을 가리지 않고 결과만 좋으면 된다는 것이 아니라, 과정의 옳음이 먼저입니다. 그 과정의 옳음이 매일의 삶입니다. 그러므로 누군가가

성경적 세계관을 가지고 있느냐 아니냐라는 것은 그가 하는 말이나 명성이 아니라, '신앙과 삶의 일치'를 추구하느냐라는 것에 달려있습니다.

⊞ 어떤 사람은 말은 번지르르 한데 행동은 말과 전혀 다릅니다. 그런데 그 차이가 당연하다고 말하거나, 그 차이가 문제가 된다는 사실을 잘 모릅니다. 왜 그렇습니까?

❀ **삶이 있는 신앙:** 삶이 있는 신앙이란 신앙이 생활 속에 스며 있는 것을 의미합니다.

⊞ 정직하고 성실한 삶의 자세가 여기에 속합니다.

⊞ 자신의 실수나 잘못에 대해서 변명하지 않고, 정직하게 인정하는 것이 여기에 속합니다.

기억하기 크리스천의 크리스천됨의 본질은 죄를 짓지 않는 것이 아니라, 죄를 지은 것에 대해서 지적할 때 인정하고 사과하고 그 행동에서 돌이키는 것입니다(이것이 회개와 기도의 본질입니다). 이렇게 말할 수 있는 이유는 예수님을 믿어도 여전히 죄의 본성을 가지고 있어서, 이 땅에 사는 동안에는 죄를 지을 수밖에 없기 때문입니다.

❀ 신앙이 삶 속에 스며 있는 **'삶이 있는 신앙' vs** 신앙을 삶의 장식으로 여기는 **'삶이 없는 신앙'**

⊞ 교회에서는 신실한 신앙 언어를 사용하지만, 학교에서는 친구를 만나면 욕설이나 비속어가 포함된 언어를 아무런 거리낌 없이 하는 것이 여기에 속합니다.

⊞ 교회에서는 찬양팀을 하는데, 일상의 생활에서는 K-Pop을 누구보다 잘 부르는 것이 여기에 속합니다.

⊞ '삶이 있는 신앙'과 '삶이 없는 신앙' 중에서 자신은 어느 쪽에 가깝습니까?

⊞ 자신에게 있는 '삶이 없는 신앙'이 무엇이며, 그것을 '삶이 있는 신앙'으로 바꾸기 위해 어떻게 해야 합니까?

실천 세상의 문화를 따라 하는 것을 구체적으로 적고, 절제하는 방안을 기록하기

-----

4. 자신의 표현으로 '삶이 있는 신앙'이라는 말을 적어 봅시다.

11과

특강 : 세계관에 기초한 설교 ①

행동의 이면에 있는 관점(전제, 틀)

이재섭 목사

누군가가 어떤 행동을 할 때는 그런 행동을 하는 이유가 있습니다. 이것을 '관점(틀)', 혹은 '세계관'이라고 합니다(좁은 의미로 '생각' 혹은 '가치관'이라고 해도 상관이 없습니다). 특강에서는 성경 말씀을 통하여 세계관에 기초한 메시지를 듣게 됩니다.

시각의 차이가 삶의 차이를 만든다 (열왕기하 6:14-17)

어떤 목사님의 글입니다. 하루는 출근을 하는데 3살 된 아이가 구두 솔에 구두약을 발라서 아빠의 구두를 열심히 닦고 있었어요. 사실 그것은 구두를 닦는 게 아니지요. 구두 안과 바닥에 시커먼 구두약이 잔뜩 묻었어요. 그렇게 열심히 구두약과 솔로 구두를 닦던 아이가 아빠를 보자 손을 내미는 거예요. 며칠 전 7살짜리 형이 그렇게 하고 있으니까 아빠가 동전을 주었고, 형이 그것으로 가게에서 사탕으로 바꾸는 것을 봤던 거예요. 동전 달라는 거예요. 구두가 엉망진창이 되었지만 아이가 너무 귀여워서 동전을 주려고 주머니에 손을 넣었는데, 동전이 하나도 없는 거예요. 지갑을 꺼내서 5천 원짜리 지폐를 주면서, 속으로 "내 아들 오늘 수지 맞았네!"를 되뇌였어요. 아이가 지폐를 받아 들고 조금 있더니, 이내 던져 버리고 울기 시작하는 거예요. 사탕과 바꿀 수 있는 동전을 달라는 거예요. 아이는 울고, 아빠는 난처해하고 있는데, 7살짜리 첫째 아이가 나왔어요. 5천 원짜리 지폐가 바닥에 뒹굴고 있고, 아이는 울고 아빠는 난처해하는 상황을 보더니, 자기 방으로 뛰어 들어가는 거예요. 조금 있다가 나와서 동생에게 가더니 백 원짜리 동전 두 개를 주면서 5천 원짜리와 바꾸자고 하는 거예요. 두 말 않고 백 원짜리 동전 두 개와 5천 원짜리를 바꾸면서 울음을 그치고 방글방글 웃는 거예요. 둘째가 왜 행복해합니까? 사탕 두 개가 생겼거든요. 여러분 중에 둘째 아이가 잘했다고 생각하는 사람 있어요? 없을 거예요. 3살짜리니까 너무 귀여운 거예요. 그러나 여러분이면 어떻게 할거냐고 물으면 5천 원을 택할 거예요. 그러면, 왜 둘째 아이는 50개의 사탕을 포기하고 2개를 택했을까요? 지폐의 세계를 몰라서 그래요. 그 아이가 아는 세계는 동전의 세계뿐이에요.

한 공간에 살아도 두 아이는 전혀 다른 세계를 살고 있어요. 무엇이 그렇게 만들었나요? 현실을 보는 눈입니다. 현실에 대한 시각이 다르면 전혀 새로운 세계가 펼쳐집니다. 오늘 본문이 이런 이야기입니다. 오늘 본문에 두 사람이 등장하는데, 한 명은 하나님의 사람 엘리사이고, 다른 한 명은 엘리사의 사환입니다. 본문의 배경은 이렇습니다. 아람 왕이 이스라엘을 공격하려고 하는데, 번번이 실패합니다. 그들이 가는 길목에 언제나 이스라엘 군대가 매복을 하고 있었기 때문입니다. 이에 왕이 자기 부하 중에 적과 내통하는 사람이 있다고 생각을 하고 수사를 벌이던 중, 선지자 엘리사가 그들의 계획을 미리 아는 놀라운 능력을 가졌다는 사실을 알게 됩니다. 엘리사를 제거하지 않고 이스라엘을 함락시킬 수 없다고 생각한 왕은 그가 도단에 산다는 사실을 확인하고, 군대를 보내서 그곳을 에워쌉니다.

두 사람이 이 절체절명의 위기 상황에 놓여 있는데, 상황에 대한 반응은 전혀 다릅니다. 엘리사의 사환의 반응이 14절에 나오는데, "하나님의 사람의 사환이 일찍이 일어나서 나가보니 군사와 말과 병거가 성읍을 에워쌌는지라 그의 사환이 엘리사에게 말하되 아아, 내 주여 우리가 어찌하리이까?" 그는 탄식하며 엘리사를 불렀고, 절망하고 좌절했습니다. 두려움에 휩싸였어요. "아아!! 내 주여 우리가 어찌하리이까"는 이제 끝났다는 거예요. 그는 주어진 상황 앞에 좌절하고 절망합니다.

그런데 또 한 사람 엘리사의 반응은 사환의 반응과 전혀 다릅니다. 16절에서, "대답하되 두려워하지 말라 우리와 함께 한 자가 그들과 함께 한 자보다 많으니라." 엘리사는 조금도 두려워하지 않습니다. 절망의 순간에 희망을 말하고, 패배의 순간에 승리를 말합니다. 어떻게 이것이 가능합니까? 17절에서, "기도하여 이르되 여호와여 원하건대 그의 눈을 열어서 보게 하옵소서 하니 여호와께서 그 청년의 눈을 여시매 그가 보니 불 말과 불 병거가 산에 가득하여 엘리사를 둘렀더라." 믿음의 눈을 떴어요.

현실을 보면서 두려움과 절망에 빠진 엘리사의 사환

두 사람이 전혀 다른 반응을 보인 이유는 무엇입니까? 환경이 아니라 그 환경을 바라보는 시각입니다. 두 시각을 좀 더 살펴봅시다. 먼저는 엘리사의 사환의 시각입니다. 그는 현실을 보면서 두려워하고 절망합니다. 하나님은 아무것도 두려워하지 말라고 하시는데, 왜 그는 두려워하나요? 상황을 능히 이기실 하나님을 봐야 하는데, 상황 자체만 보기 때문입니다. 주어진 현실만 봐서 그래요. 수 년 전에 여자 고등학생이 성인 화보를 찍어서 집중 취재를 받은 적이 있습니다. 이 여고생이 자신의 화보를 '터치'라는 잡지에 냈는데 인터파크 도서 성인부분 베스트셀러 1위를 했어요. 화보집이 엄청나게 팔렸는데, 이 친구가 이런 인터뷰를 했어요. "내 사진을 보고 성적인 대화들이 오가는 것이 부담스러워요." 부담스러우면 안 찍으면 되잖아요? 그런데 비키니 걸치고 사진을 또 열심히 찍어요. 왜 그래요? 요즘 시대가 그렇고 대세니까 그렇게 살겠다는 거예요. 그거 안 찍어도 살 수 있어요. 여러분 중에 그런 것 찍은 사람 거의 없잖아요. 그런데 그 여학생은 그거 찍어야 산다는 쪽으로 시선이 고정 된 거예요. 그러면 어떻게 되는지 아세요? 자신의 사진을 보고 성적인 대화들이 오가는 것이 부담스럽다가, 나중에는 그것을 좋아하게 됩니다. 그런 시대가 싫다고 하면서, 결국에는 그런 시대를 즐기면서 살게 돼요.

엘리사의 사환과 같은 경우처럼, 사환은 상황에만 집착했습니다. 사환이 뜨고 있는 눈은 삶의 상황에 민감하고 그것에 적응하는 눈이었습니다. 현실을 보고 불가능을 말하는 눈이었고, 현실을 직시하면서 현실을 따라가는 눈이었습니다. 이런 눈으로, 교회에서 하나님이 모든 것을 주관하신다고 고백하면서, 삶의 현장에서는 믿지 않는 친구들의 삶의 방식을 따르는 것입니다. 찬양보다는 K-Pop을 훨씬 더 많이 듣습니다. 성경을 읽기보다 게임을 즐겨합니다. 조금만 힘들면 포기하고 환경을 탓합니다. 자기가 주저앉을 수밖에 없는 수많은 이유를 만들어 냅니다. 사환처럼 세상의 눈으로 상황을 보는 거예요.

세상보다 훨씬 크신 하나님을 바라보고 당당한 엘리사

그러나 다르게 전개 될 수도 있습니다. 오늘 본문으로 하면 상황을 바라보는 시각을 바꾸는 거예요. 엘리사가 보고 있는 눈과 하나님이 사환에게 새롭게 열어 준 눈입니다. 세상보다 하나님이 더 커 보이는 눈이에요. 이건 단순한 말이 아니라 실제입니다. 이 바로 앞 장인 5장에 나아만 이야기가 나와요. 당시 지중해를 지배하던 나라의 국방부 장관 나아만의 행렬이 그의 초라한 집 앞에 왔음에도 불구하고, 엘리사는 나와 보지도 않아요. 그는 세상의 것과 자신을 비교하면서 자존감에 상처를 입거나, 초라하거나, 열등감에 빠지지 않았어요. 도리어 믿음의 눈을 열어 상황을 극복하고, 종국에는 자기에게 주어진 것으로 위세 등등했던 이들을 굴복시킵니다. 하나님 한 분만으로 당당했고, 그런 그의 모습을 세상이 부러워했어요.

여러분의 시각은 어떻습니까? 하나님이 더 커 보입니까? 세상이 더 커 보입니까? 사환의 모습이 여러분의 모습입니까? 엘리사의 모습이 여러분의 모습입니까? 사환의 눈을 가지면 아무리 배경이 좋아도 하나님의 영광을 위해 살 수 없습니다. 뭔가를 조금 가졌다고 으스대는 것은 상황의 노예가 되는 것이고, 뭔가를 조금 가지지 못했다고 초라해지는 것도 상황의 노예가 되는 겁니다. 좋은 환경, 좋은 배경을 가지면 타인을 위해 살 것 같죠? 아닐 확률이 아주 높습니다.

기독 청소년에게는 상황보다 그것을 바라보는 시각이 훨씬 더 중요하다

우리가 꼭 기억해야 할 것이 있습니다. 상황이 아니고, 그것을 바라보는 시각이 핵심입니다. 상황에 굴복하는 시각을 가지고 계속해서 자기를 합리화하는 자기변명을 버려야 합니다. 1950년 대 초에 의사와 과학자들은 어떤 인간도 1마일(1.6 Km)을 4분 내에 주파할 수 없다고 했습니다. 인간이 그렇게 빨리 뛰는 것은 인간의 뼈 구조와 심폐 능력이 그 정도로 발달되지 않아서 생리학과 생물학 측면에서 절대 불가능하다는 것이었습니다. 그런데 그로부터 4년이 지난 1954년 5월 6일에 로저 배니스터라는 사람이 마의 4분 벽을 깨고, 1마일을 3분 59.4초에 주파합니다. 재미있는 사실은 불과 47일 뒤에 또 다른 선수가 4분 벽을 깼고, 그로부터 3년 뒤인 1957년에는 무려 16명의 선수가 4분 벽을 깨뜨렸습니다. 몇 년 사이에 인간 신체에 급격한 변화가 생긴 것입니까? 아닙니다. 배니스터가 4분 벽을 깨뜨리면서 다른 선수들의 생각이 바뀐 거예요. 육체적 한계가 인간의 속도를 제한 한 것이 아닙니다. 진짜 벽은 선수들의 마음속에 있었어요. 성경은 이렇게 말합니다. "내게 능력 주시는 자 안에서 내가 모든 것을 할 수 있느니라."

우리 앞에 문제가 있다면, 어떤 것을 바라보는 시각의 문제입니다. 세상은 형편을 중요하게 여기고, 주어진 상황으로 편도 나누고, 그래서 주어진 상황 때문에 여러분을 절망하게 하지만, 하나님은 지금 여러분이 어떤 배경을 가지고 있는가보다 어떤 시각으로 미래를 열어갈 사람인가를 보십니다. 하나님은 언제나 우리가 잘되기를 바라시고, 우리를 도울 준비가 되어 있으세요. 우리의 단점은 하나님을 보면 되는데, 하나님을 믿으면 되는데, 그걸 안 해요. 엘리사의 사환처럼 문제가 먼저 보이고, 문제에 치여서 하나님을 잊어버려요. 그리고는 죽겠다고 하고, 큰일 났다고 그래요. 믿음의 눈으로 보면 아무것도 아닌데, 믿음의 눈을 열지 않으니까, 인간적인 생각만 하는 거예요. 인간적으로 해결하려고 온갖 노력을 다해요. 그러나 우리의 삶 지켜주는 것은 자신의 능력이나 배경이 아니라 하나님입니다. 주어진 삶의 상황이 남들보다 좋다는 이유로, 다른 사람보다 조금 똑똑하다는 이유로 폼 잡고 어깨에 힘을 주고 다닌다면, 그건 정말 아닙니다. 반대로 남들보다 조금 덜 가졌다는 이유로 괜히 위축 된다면, 그것도 아닙니다. 별것 아닌 세상의 것과의 비교에서 벗어나세요.

삶의 두 가지 방식: 상황 앞에 일희일비 vs 믿음으로 항상 당당함

우리 앞에 두 가지 삶의 방식이 있습니다. 하나는 두려움으로 사는 것이고, 다른 하나는 믿음으로 사는 것입니다. 모세의 뒤를 이어 지도자가 된 여호수아는 백성을 이끌고 요단강을 건너라는 명령을 받습니다. 요단강의 수위가 너무 높았고, 하나님의 격려의 말씀을 들은 뒤에도 그것은 변하지 않았습니다. 믿음의 삶과 두려움의 삶이라는 선택 앞에 믿음을 선택한 여호수아는 백성들을 강으로 이끌었습니다. 그러자 강이 갈라졌습니다. 그 아래에 보니, 하나님이 이미 길을 만들어주셨습니다. 두려움을 선택했으면 보지 못했을 길입니다.

수많은 기독 청소년이 있습니다. 그러나 예수님을 믿는 모든 청소년이 다 같은 것은 아닙니다. 똑같다고 생각할 수 있지만, 결코 그렇지 않아요. 예수님을 믿는다고 하면서 여전히 세상이 더 커 보이는 엘리사의 종과 같은 친구가 있습니다. 온 우주 만물을 지으신 하나님을 믿는데, 하나님을 신뢰하지 않습니다. 그들은 항상 주어진 삶의 상황을 탓합니다. 이해는 되는데, 하나님도 이해는 하실 겁니다. 우리를 너무 잘 아시니까요. 그러나 그들은 하나님의 영광을 위해 어떤 일도 할 수 없고, 하나님도 그런 사람을 사용하실 수 없습니다.

저는 오늘날 세상의 지탄이 되고 있는 한국교회를 건강하게 세울 다음 세대가 여러분임을 믿어 의심치 않습니다. 그러나 저의 이 확신이 저절로 이루어지지는 않습니다. 어린 시절부터 공부, 돈, 명예, 외모에 모든 것을 걸고 사는 이 시대 청소년들과 다른 뭔가가 있어야 해요. 그것은 바로 그들과 다른 시각입니다. 완전하시고 무한하시는 하나님의 말씀에 기초해서, 서로 자기가 옳다고 도토리 키재기를 하는 세상을 바라보는 것입니다. 하나님과 함께 상황을 뛰어 넘으세요. 환경을 보며 두려워하는 사환의 눈이 아니라, 하나님을 보며 세상 앞에 당당히 서는 믿음의 주인공이 되세요.

2부 교재의 구성

2부 전체를 관통하는 키워드는 '공과 구성 익히기'이다. 『삶이 있는 신앙 시리즈』는 성경의 핵심 원리를 충실하게 따르면서, 그 것을 구체적인 삶에 적용하도록 현장성을 강화했다. 나아가 처음 부터 끝까지의 공과 구성을 통해서 '성경적 세계관의 관점(틀)' 을 자연스럽게 익혀서 습관이 되도록 했다. 물론 그 방법은 주입 식이 아닌 토론식을 통해서 스스로 탐구하게 한다. 조금 설명하 면, 각자가 가지고 있는 생각을 '성경적 관점'으로 바꾸고, 바뀐 성경적 관점으로 삶을 살아가는 것이다. 이를 위하여 각 부서별 로 1과의 공과를 2주(성경적 관점으로 옮기기/성경적 관점[틀] 으로 살기)에 걸쳐서 충분히 학습함으로써 내용을 잘 이해하고 토론을 통하여 심화하여, '성경적 세계관'으로 바뀌어 가는 것을 깨닫고, 삶에 적용할 수 있도록 했다.

성경적 세계관 세우기

성경적 세계관 세우기

토론식 공과 교재 2부

말씀으로 세상을 만드신 창조주 하나님

✦ 자신의 관점(틀)을 성경적 관점으로 옮기기 ✦

빅뱅이론, 진화론 vs 천지창조

빅뱅이론(Big bang theory)

우주 기원 이론에 관한 가설 중 하나는 '대폭발 우주론'이다. 우주의 최초기 상태에 엄청나게 높은 밀도와 온도의 상태 혹은 그 상태로부터 팽창해서 우주가 생겨났다는 이론이다. 빅뱅은 약 137억 년 전에 있었다고 한다. "먼 곳의 은하가 허블의 법칙에 따라 멀어지고 있다."라는 관측 사실을 일반 상대성 이론을 적용하여 해석하면, 우주가 팽창하고 있다는 결론을 얻을 수 있다. 우주 팽창을 과거에 적용해 보면, 우주의 초기에는 모든 물질과 에너지가 한곳에 모여 고온도, 고밀도 상태로 있었다는 셈이 된다. 이 초기 상태 혹은 이 상태로부터의 폭발적인 팽창을 빅뱅이라고 한다.

《과학용어사전, 뉴턴코리아~www.newtonkorea.co.kr》

진화론(Evolution theory)

지구상에 살고 있는 모든 생물은 지구의 환경 변화에 적응하기 위해 끊임없이 변화 · 발전 · 진화해 왔으며, 앞으로도 계속 그럴 것이다. 지구 대기의 조성 변화, 지각 변동, 기후 변동 및 대륙의 이동 등 환경의 변화가 생물의 진화를 일으키는 중요한 요인이라고 볼 수 있다. 일반적으로 하등 생물에서 고등 생물로, 단순한 생물에서 복잡한 생물로, 작은 생물에서 큰 생물로 진화해 간다.

《중고등학교 과학 교과서 中》

내 생각에는…

1. 빅뱅이론에 대한 나의 생각은?

----

2. 진화론자들이 말하는 것처럼 인간이 어류-양서류-파충류로부터 진화했을까?

----

3. 생물체(生物體)의 생명(生命)은 어떻게 시작된 걸까?

하나님의 창조 이야기 속으로

창세기 1:1-31, 시편 8:1-9

1. 우리가 믿는 성경은 어떻게 시작하나요(창 1:1)?

_____

_____

2. 하나님께서 천지만물을 무엇으로 창조하셨나요(창 1장, 히 11:3)?

_____

_____

3. 하나님께서 천지 만물을 창조하신 순서(창 1:1-2:3)를 정리해보고, 크게 둘로 나누어 보세요. 왜 그렇게 나누었나요?

_____

_____

4. 하나님은 사람을 어떤 존재로 창조하셨나요(창 1:26-28, 시 8:5-6)?

_____

_____

5. 성경은 왜 하나님이 '세상을 창조한 이야기'로부터 시작할까요?

_____

_____

Today's Focus

하나님께서 세상을 '말씀으로' 창조하셨습니다.
그리고 특별히 '하나님의 형상'으로 사람을 만드셨습니다.

✦ 성경적 관점(틀)으로 살기 ✦

말씀의 렌즈로 생각해보기

1. 학교에서 《과학 : 물상, 생물》시간에 '진화론(進化論)'에 대해 배웠나요? 진화론에 대해 공부할 때 어떤 생각이 들었나요?

----

2. 하나님께서는 무(無)에서 유(有)를 창조하셨습니다. 하나님께서는 어떻게 공허함(empty) 중에서 천지 만물을 창조하실 수 있었을까요? 하나님의 말씀이, 곧 생명인 이유를 이야기해보세요.

----

3. 빅뱅이론(Big bang theory)이나 진화론(Evolution theory) 등은 하나의 과학적 가설(theory)입니다. 가설이란 직접 경험해보지 못한 것을 인간 사고에 의해 추측한 것을 말합니다. 그렇다면 하나님의 천지창조도 진화론처럼 창조론(가설)이라고 부를 수 있을까요?

● 대자연 속에서 하나님의 창조 섭리를 느껴본 적 있나요? 우리는 언제 하나님의 창조를 경험할 수 있을까요? 하나님의 창조를 믿지 않는 친구들에게 어떻게 창조주 하나님을 소개해줄 수 있을까요? 서로의 생각을 나눠보세요.

"창세로부터 그의 보이지 아니하는 것들 곧 그의 영원하신 능력과 신성이 그가 만드신 만물에 분명히 보여 알려졌나니 그러므로 그들이 핑계하지 못할지니라" (로마서 1:20)

말씀으로 빛나는 삶

 Discernments

우리는 하나님의 말씀으로 창조된 세상 속에서 살고 있습니다. 하나님의 말씀으로 창조된 우리는 하나님의 말씀에 순종하며 살아야 합니다.

삶이 있는 신앙

- 일주일 동안 모든 시간과 공간에서 이 세상을 말씀으로 창조하신 창조주 하나님을 묵상해봅시다. 하나님의 형상대로 창조된 나의 모습 속에서 어떻게 하면 하나님의 선하신 뜻이 나타날 수 있을지 생각해봅시다.

  ⇢ 돌아보기
  진화론과 창조에 대한 나의 생각 정리하기

  ⇢ 실천하기
  Mission 1. 창세기 1장을 반복하여 읽고 묵상하기
  Mission 2. 산이나 공원, 또는 운동장에서 창조주 하나님을 묵상하기
  Mission 3. 두 명 이상의 친구에게 창조주 하나님을 소개하기

- 일주일 동안 세 가지 Mission을 수행하며 느낀 점을 선생님, 친구들과 함께 나누어 보세요. 창조주 하나님을 느낄 수 있었나요? 친구에게 창조주 하나님을 소개할 때 어떤 점이 어려웠나요?

삶을 위한 말씀의 창

"믿음으로 모든 세계가 하나님의 말씀으로 지어진 줄을 우리가 아나니 보이는 것은 나타난 것으로 말미암아 된 것이 아니니라" (히브리서 11:3)

찰스 다윈의 후회

진화론의 창시자인 찰스 다윈이 죽기 몇 달 전이었습니다. 다윈이 병실에 누워있을 때, 호프 부인이 그를 방문했습니다. 성경을 펼쳐들고 있던 다윈에게 그 부인이 말했습니다.

"지금 무엇을 읽고 계신가요?"

다윈은 쓸쓸한 미소를 지으며 대답했습니다.

"성경입니다."

부인은 창세기를 펼쳐 보이며 다윈이 주장한 진화론이 틀렸다고 말했습니다. 그러자 다윈은 얼굴을 찡그리며 이런 고백을 했습니다.

"그때 나는 미숙한 생각을 지닌 철없는 젊은이였습니다. 모든 사물과 현상에 대해 의문을 가지고 접근했지요. 진화론도 그 중의 하나입니다. 그런데 사람들이 진화론을 학문적 가설(hypothesis)이 아니라, 또 하나의 종교(religion)처럼 믿고 있습니다. 제발 사람들에게 하나님의 창조에 대해서 일러주십시오!"

다윈은 죽음을 앞 둔 순간에 자신이 젊은 날 주장했던 진화론에 대해 후회하며, 자신의 저작을 다시 회수하지 못하는 것을 한스러워했습니다. 훗날 호프 부인은 다윈과의 마지막 대화를 회상하며, 다윈의 모습에서 아름다운 빛을 본 것 같았다고 이야기했습니다.

"집마다 지은 이가 있으니 만물을 지으신 이는 하나님이시라"(히 3:4)

찰스 다윈(Charles. R. Darwin 1809~1882)

3,4과 진리 : 말씀과 동행하는 삶(信行一致)

✦ 자신의 관점(틀)을 성경적 관점으로 옮기기 ✦

말씀대로 사는 참 믿음이란...

"知行一致(지행일치). 참된 지식(知識)이란 반드시 실행(實行)과 일치해야 한다." 즉, 머리로 아는 것과 손발의 행동이 일치해야 함을 강조하는 말입니다.

아름이와 다빈이는 같은 교회를 다니는 친한 친구입니다. 그런데 아름이는 요즘 교회에 가기 싫습니다. 중등부 임원인 다빈이가 교회에서는 선생님과 친구들에게 친절하고 봉사도 열심히 하지만, 학교에서는 친구들에게 욕을 하고 같은 반의 약한 친구를 괴롭히는 모습을 보았기 때문입니다. 아름이는 교회에서는 착하게 행동하지만, 교회 밖에서는 전혀 다른 모습으로 살아가는 친구 때문에 마음이 상해 교회에 가기 싫어졌습니다. 예수님 믿는 청소년은 뭔가 달라야 하는데, 교회 안다니는 친구들과 아무런 차이도 없다면 교회에 나갈 이유가 없다고 생각했기 때문입니다. 교회에서 하나님께 예배하고 기도하듯이 매일매일의 삶 속에서도 성경 말씀대로 살 수는 없을까요?

내 생각에 아름이와 다빈이는…

1. 내 생각에 다빈이의 행동은…

----

2. 내 생각에 아름이의 행동은…

----

3. 만약 내가 아름이라면…

78

하나님의 말씀(성경)은?

요한복음 1:1, 14, 누가복음 24:27, 32

1. 요한복음 1장은 말씀(logos)이 곧 누구라고 이야기하나요(요 1:1, 14)?

---

2. 예수님 시대에 성경(말씀)은 무엇을 의미했을까요(눅 24:27)?

---

3. 성경은 누구에 관하여 자세히 설명하고 있나요(눅 24:27)?

---

4. 예수님께서 성경을 풀어주실 때, 제자들의 마음이 뜨거워진 이유는 무엇일까요(눅 24:32)?

---

5. 여러분들도 예수님의 제자들처럼 말씀을 읽거나 설교를 들을 때, 마음이 뜨거워졌던 경험이 있나요?

Today's Focus

말씀은, 곧 예수님입니다. 우리는 말씀을 통해 예수님을 만날 수 있고, 예수님과 동행하는 삶을 살 수 있습니다.

✦ 성경적 관점(틀)으로 살기 ✦

말씀의 렌즈로 세상 들여다보기

1. 학교에서 급식시간에 식기도를 하나요? 공부하기 전에 성경책을 읽거나 기도하고 있
나요? 주일이 아닌 평일에 나의 믿음을 어떻게 표현할 수 있을까요?

----

2. 학교나 학원, 가정에서 '성경의 원리와 세상의 원리'가 충돌하여 갈등을 겪을 때는
언제인가요?

----

3. 언제 내가 예수님과 동행하고 있다고 느끼나요? 만약 내 삶에서 예수님의 손길을 느
끼지 못하고 있다면 왜 그런걸까요?

HOT 토론
● 만약 우리가 일주일 동안 학교와 세상에서 내 마음대로 살다가 주일날 교회에
나와 예배드린다면, 하나님의 마음은 어떠실까요? 학교나 가정에서 하나님이
기뻐하시는 예배를 드리려면 어떻게 해야 할까요? 서로의 생각을 나눠보세요.

"그러므로 형제들아 내가 하나님의 모든 자비하심으로 너희를 권하노니 너희 몸을 하나님이 기뻐하
시는 거룩한 산 제물로 드리라 이는 너희가 드릴 영적 예배니라 너희는 이 세대를 본받지 말고 오
직 마음을 새롭게 함으로 변화를 받아 하나님의 선하시고 기뻐하시고 온전하신 뜻이 무엇인지 분별
하도록 하라" (로마서 12:1-2)

말씀으로 빛나는 삶

말씀(성경)은 우리 믿음의 기초이며 우리가 어떻게 살아야할지
가르쳐주는 교과서와 같습니다.
우리는 성경 말씀과 우리의 삶을 일치시켜 나가며,
예수님과 동행하는 삶을 살 수 있습니다

삶이 있는 신앙

• 일주일 동안 성경의 가르침(믿음)과 나의 삶의 모습이 일치하도록 노력해보세
요. 말씀이 주는 은혜를 의지하여 신행합일(信行合一)의 삶을 실천해봅시다.

➡ 돌아보기

나의 학교생활(교실에서의 내 모습) 돌아보기

➡ 실천하기

Mission 1. 학교에서 매일 성경을 한 장씩 읽고 묵상하기
Mission 2. 매일 교실에서 선한 일을 세 가지 이상 실천하기
Mission 3. 일주일 동안 주일 설교 말씀을 생활에 적용해보기

• 일주일 동안 세 가지 Mission을 수행하며 느낀 점을 선생님, 친구들과 함께 나
누어 보세요. 예수님께서 내 마음에 계신 것을 느낄 수 있었나요? 말씀대로 살
려고 노력할 때, 나의 마음이 뜨거워졌나요?

삶을 위한 말씀의 창

"그들이 서로 말하되 길에서 우리에게 말씀하시고 우리에게 성경을 풀어 주실
때에 우리 속에서 마음이 뜨겁지 아니하더냐 하고" (누가복음 24:32)

말씀으로 사는 삶

하나님 아버지!

저는 지금까지 하나님을 위해 말씀대로 살아드린다고 생각했습니다. 그래서 하나님의 말씀은 언제나 무거운 짐이었고 말씀대로 사는 기쁨이 없었습니다. 그러나 그것은 커다란 착각이었음을 깨닫게 해주셔서 감사드립니다.

한 줌의 흙으로 끝나버릴 저를 사랑하셔서 하나님의 영원하신 말씀을 내려주심을 감사합니다. 말씀이신 주님께서 이 땅에 직접 오시어 저를 위해 죽으시고 부활하심으로 오직 말씀만이 영원함을 친히 보여주신 것을 진심으로 감사합니다.

이제부터 말씀을 위한 투자의 사람이 되기를 간구합니다.

약속의 사람이 되기를 원합니다.

반복의 사람이 되기를 소망합니다.

말씀의 사람으로 살아가기 위해서 중단이 없는 가치혁신(價値革新)을 이루어 갈 것을 결단합니다.

이 시간 이후로 말씀 안에서 나를 스쳐 지나가는 1초 1초를 영원으로 건져 올리는 영원의 낚시꾼이 되게 하여 주십시오. 그리하여 주님의 말씀대로 산 저의 삶 전체가 하나님께 들고 갈 가장 향기로운 재물, 가장 보배로운 소유가 되게 해 주십시오.

이재철 목사님의 기도(백주년기념교회)

5,6과 사사 시대 : 다른 기준, 다른 선택, 다른 세대

> 이번 과에서는 구약 39권 중 여호수아, 사사기, 룻기를 살펴봅니다.
> 사사 시대는 이스라엘 백성들이 가나안 땅에 들어가고 정착하는 시기입니다. 그리고 여전히 남아 있던 이방 민족과 그들의 신과 하나님 사이에서 분명한 자신들의 길을 선택해야 하는 시기였습니다. **여호수아**는 모세의 뒤를 이어 지도자가 된 여호수아의 가나안 정복 전쟁과 정착 및 땅 분배를, **사사기**는 타락—심판—구원—타락의 사이클 속에서 하나님께서 보내신 12명의 사사들(웃니엘, 에훗, 삼갈, 드보라, 기드온, 돌라, 야일. 입다. 입산, 엘론, 압돈, 삼손)의 이야기를, **룻기**는 이방여인 룻을 통해서 구속의 계보를 이끌어 가시는 하나님의 은혜에 관한 내용입니다. 사사 시대를 가장 잘 설명하는 것이 이 말씀입니다. "그 때에는 이스라엘에 왕이 없었으므로, 사람마다 자기 소견에 옳은 대로 행하였더라(삿 17:6, 21:25)."

나는 장난이었는데

유명한 동영상 사이트에 충격적인 영상이 올라와 사회적인 큰 파문을 일으켰습니다. 그 영상의 내용은 중학생쯤 보이는 아이들이 길 가운데를 지나가는 초등학생을 이유 없이 폭행하는 것이었습니다. 심지어 이 영상은 일부 청소년들에게 인기를 끌어 모방 영상들이 동영상 사이트에 속속 올라와 다양한 유사 동영상을 쉽게 발견할 수 있었습니다. 이 영상을 본 사람들은 이 청소년들을 찾아 처벌하라고 경찰에 요청했고, 경찰은 이 청소년들을 찾아 경찰서로 소환했습니다.

경찰서로 소환된 청소년들은 자신들이 초등학생들을 때린 이유는 장난이었다고 이야기 했습니다. 또한, 피해 초등학생은 어떨지 생각해 봤느냐는 기자의 질문에 한 청소년은 "장난이었기 때문에 미안한 생각이 없었다."라고 이야기해서 인터넷상에 큰 파장을 가지고 왔습니다.

대부분의 학교 폭력 가해자들은 타인의 기준이 아닌, 자신의 기준으로 장난과 재미를 결정합니다.

내 생각에는…

1. 나는 장난, 재미였는데 상대방은 괴로워한 경험이 있는지?

----

2. 위 이야기 속 가해자들의 기준은? 그 청소년들의 기준에 어떤 문제들이 있기에 사회적인 문제가 된 걸까?

다른 기준, 다른 선택

여호수아, 사사기, 룻기

1. 여호수아서는 모든 땅을 정복하지 않았지만 땅을 분배합니다. 그런데 땅 분배 이후 사사기의 시작은 땅을 정복하지 못한 이스라엘에 대해서 이야기를 합니다. 사사기는 이와 같은 현상에 대해 무엇이라고 말하나요(삿 2:10, 21:25)?

> 가나안 땅에 들어간 이스라엘 백성들은 하나님이 허락하신 정복을 완성하지 못했습니다. 그 이유는 불순종했기 때문입니다. 그 후 여호수아가 죽은 후 이스라엘에는 다른 세대가 세워집니다. 다른 세대는 여호와를 모르는 세대입니다.

2. 이스라엘 백성들이 잘못된 선택(하나님을 떠난 선택)을 한 이유는 무엇인가요(삿 17:6, 21:25)?

> 이스라엘 백성들이 잘못된 선택을 하는 이유는 이들이 하나님을 떠나 자신을 선택의 기준으로 삼았기 때문에 다른 세대가 세워지고, 하나님을 떠난 것입니다.

3. 다른 세대가 세워진 이스라엘 백성들은 하나님 앞에서 어떤 삶을 살았나요? 반복된 잘못 속에서 하나님은 이스라엘 백성들이 어떤 삶을 살기 원하셨나요(삿 2:11-23)?

> 사사기에는 '범죄-진노-압제-부르짖음-구원-재범죄'의 패턴이 6번이나 나타납니다. 사사기는 이 반복 속에 하나님이 사사를 통해 이스라엘을 구원해 주시는 이야기를 담고 있습니다.

4. 각자 자신의 기준을 따라 선택하며 살아간다면, 하나님이 기뻐하시는 삶을 살 수가 없습니다. 그 이유는 무엇인가요?

Today's Focus

> 하나님의 백성은 하나님 말씀을 선택하고 따르는 사람입니다.

✦ 성경적 관점(틀)으로 살기 ✦

말씀의 렌즈로 일상 돌아보기

1. 내가 중간고사, 기말고사 기간 동안 나름대로 열심히 공부해서 시험을 보았지만 공부한 내용이 나오지 않아 시험을 잘 보지 못한 경우들이 있었나요? 왜 어떤 친구는 공부를 열심히 하지 않았음에도 불구하고 시험을 잘 보았을까요? 이 둘의 차이는 무엇일까요?

----

2. 종종 학교에서 학칙에 어긋나게 실내화가 아닌 운동화를 신고 실내에 들어오는 친구들이 있습니다. 그 친구들은 "내 발 가지고 내 마음대로 들어오는데 무슨 상관이야"라고 말을 합니다. 이런 친구를 보면 어떤 생각이 드나요? 이 친구의 잘못은 무엇인가요?

----

3. 사사기 19장에 나온 기브아에서 일어난 반인륜적인 사건은 하나님 말씀이 없는 백성의 삶의 비극을 보여줍니다. 그렇다면 나의 학교생활과 삶을 보면 하나님 말씀을 기준 삼아 살아가고 있나요? 아니라면 그 이유는 무엇일까요?

● 어떤 사람들은 하나님을 믿으면 항상 좋은 일만 있어야 한다고 생각합니다. 그래서 때로는 자기 생각과 달리 계획했던 일들이 틀어지면 하나님이 없다고 생각하는 사람도 있습니다. 기도도 열심히 했고, 헌금도 많이 했는데 일이 뜻대로 풀리지 않는다고 하나님이 없다고 말합니다.

• 나도 이런 경험이 있는지 말해봅시다. 이 사람의 말처럼 내 생각과 뜻대로 되지 않으면 하나님이 없다고 말할 수 있을까요? 이 사람은 어떤 기준을 가지고 살아가고 있나요? 기준이 하나님에게 있는 사람은 이 상황을 어떻게 이해할지 말해봅시다.

 "사람의 행사로 논하면 나는 주의 입술의 말씀을 따라 스스로 삼가서 포악한 자의 길을 가지 아니하였사오며 나의 걸음이 주의 길을 굳게 지키고 실족하지 아니하였나이다" (시편 17:4-5)

빛의 자녀! 말씀으로 빛나는 삶

  **Discernments**

크리스천은 내가 아니라, 하나님의 말씀을 기준삼고 살아가야 합니다.

삶이 있는 신앙

• 내 삶의 기준은 누구? 기준 차이는 삶의 차이

돌아보기
하나님이 기뻐하시는 것이 아닌 내가 기뻐하기 위해 했던 일을 적어보기

실천하기
Mission 1. 식욕과 같은 욕심이 일어날 때, 참아보기
Mission 2. 학교에서 친구가 짜증나게 할 때, 한번 참고 넘어가기
Mission 3. 주일날 놀자고 하는 친구의 유혹을 담대히 물리치기

• 일주일 동안 세 가지 Mission을 수행하며 느낀 점을 선생님, 친구들과 함께 나누어 보세요.

삶을 위한 말씀의 창

"이는 내 생각이 너희의 생각과 다르며 내 길은 너희의 길과 다름이니라 여호와의 말씀이니라 이는 하늘이 땅보다 높음 같이 내 길은 너희의 길보다 높으며 내 생각은 너희의 생각보다 높음이니라" (이사야 55:8-9)

사람의 뜻이 아닌
하나님의 뜻을 따른 다니엘

성경에 나오는 다니엘은 영화 속 주인공처럼 고난과 역경을 이겨낸 인물입니다. 그래서 우리는 다니엘을 통해서 크리스천이 세상에서 어떻게 살아야 하는지에 대한 중요한 원리를 배울 수 있습니다.

다니엘은 바벨론에 포로로 잡혀간 유대인입니다. 그는 바벨론 궁정에서 언어와 학문을 배워 신하로 섬깁니다. 그러나 바벨론에서 학문을 배운 다른 신하들과 근본적으로 다른 가치를 가지고 있었습니다. 당시의 사람들은 왕의 권력과 명령 때문에 움직였지만, 다니엘은 세상의 권력과 명령이 아닌 하나님에게 그 뜻과 기준을 두었습니다(단 1:8). 그는 여러 가지 선택의 상황에서도 사람들과 다른 선택을 했습니다. 추구하는 가치와 결과에 대한 기대가 달랐기 때문입니다.

다니엘은 세상과 다른 기준 때문에 손해를 보고, 고난을 겪고, 심지어 사자굴에 들어가는 위험을 맞이하기도 했지만, 그의 뜻(기준) 때문에 그는 세상이 아닌 하나님의 보호를 받습니다.

모든 크리스천은 다니엘과 같은 사람이 되어야만 합니다. 세상 혹은 자기 뜻에 기준을 두는 사람이 아닌, 하나님께 기준을 두는 사람이 되어야 합니다. 그럴 때, 세상이 아닌 하나님의 성공을 이루고, 세상이 아닌 하나님의 보호를 받는 삶을 살게 됩니다.

7,8과 예배: 삶으로 드리는 예배 = 복음으로 사는 삶

✦ 자신의 관점(틀)을 성경적 관점으로 옮기기 ✦

매일 주님께 예배드려야 한다고?

〈주일 예배시간에〉

오늘은 주일입니다. 현진이는 시험공부로 온통 마음이 복잡하지만, 그래도 성경책을 들고 교회로 향했습니다. 예배 시간에 찬양을 부르고, 기도하고, 목사님의 설교를 듣는 동안에도 현진이 머릿속에는 시험에 대한 생각과 스트레스가 떠나지 않았습니다. 예배 자리에는 앉아 있지만 하나님께 집중하지 않고, 온통 마음은 다른 곳에 가 있는 현진이의 모습. 여러분의 모습은 어떤가요?

〈학교 점심시간에〉

예준이는 요즘 학교에서 점심시간이 싫습니다. 예전에는 친구들과 즐겁게 밥 먹으며 웃고 떠드는 즐거운 시간이었는데, 중등부 수련회에서 급식시간에 식기도를 꼭 하겠다고 다짐한 이후부

터는 점심시간이 다가오는 게 두렵습니다. 급식판을 앞에 놓고 눈 감고 기도하면 왠지 친구들이 쳐다보는 거 같고, 자기를 이상하게 여길까 두렵기 때문입니다. 그래서 잠시 고개를 숙였다 들면서 LTE처럼 빠른 속도로 기도합니다. 마음속으로는 하나님께 감사기도하고 점심을 먹고 싶은데, 친구들 눈치를 살피다보니 좀처럼 실천하기가 어렵습니다. 여러분의 점심시간은 어떤가요?

내 생각에는…

1. 현진이의 모습은…

----

2. 예배를 드릴 때, 나의 마음은…

----

3. 여러분도 예준이와 같은 경험을 해본 적 있니? 학교에서 점심시간에 식기도 하니?

하나님이 찾으시는 예배자

요한복음 4:23-24, 빌립보서 1:27-30

1. 하나님 아버지께서 자기에게 참되게 예배하는 자들을 찾으시는 이유는 무엇일까요 (요 4:23)?

----

2. 하나님께 "영과 진리로" 예배한다는 것은 무엇을 뜻할까요(요 4:24)?

> 【TIP】 본문에서 '영'(헬라어로 프뉴마)이란 '성령'을 의미합니다. 이는 성령의 인도함을 받아야만 참 예배를 드릴 수 있음을 강조한 표현입니다. '진리'(헬라어로 알레데이아)란 구원에 이르는 유일한 길, 즉 하나님의 말씀(예수님)을 의미합니다. 우리는 '영과 진리로' 성령의 인도하심을 따라, 말씀을 사랑하는 신실한 마음으로 하나님께 예배드려야 합니다.

3. 하나님께서 우리에게 은혜를 주신 이유를 사도 바울은 어떻게 설명하고 있나요(빌 1:29)?

----

4. 내가 교회를 다니기 때문에, 학교생활이나 친구들과의 관계에서 불편을 겪었던 적 있었나요?

> 【TIP】 빌 1:27절의 '생활하라'(폴리튜오)는 헬라어는 '시민'(폴리테스)이란 단어에서 파생한 것입니다. 따라서 '생활하라'는 말은 '시민답게 살아가라'는 뜻인데, 즉 그리스도의 복음을 믿는 하늘나라 시민 (천국 백성)답게 하나님의 말씀대로 살라는 뜻입니다.

Today's Focus

우리는 온 마음을 다해 성령과 진리(말씀)로 하나님께 예배드려야 합니다. 그리고 일상의 삶 속에서도 날마다 하나님을 예배해야 합니다.

✦ 성경적 관점(틀)으로 살기 ✦

말씀의 렌즈로 생각해보기

1. 하나님께서 찾으시는 예배자의 모습(요 4:23)과 주일날 나의 예배드리는 모습을 비교해보세요.

---

2. 1년 52주 중에서 주일 예배에 몇 번이나 결석하나요? 내가 매주 교회에 나와 주일 예배를 드리는 데 가장 큰 장애물은 무엇인가요(예: 늦잠, 시험공부, 가족 여행, 밤 늦게 인터넷 게임, 친구와의 약속 등)?

---

3. 예수님께서 우리 반 교실에 찾아오셔서 나의 학교생활을 보신다면 무엇이라고 말씀하실까요?

---

4. 학교나 학원 친구들에게 내가 교회에 다닌다는 사실을 말하지 않고도 어떻게 내가 크리스천임을 알려줄 수 있을까요?

● 주일날 교회에 나와서 예배드리는 것(공적 예배)과 매일의 삶 속에서 하나님께 예배드리는 것(생활 예배) 사이에는 어떤 공통점과 차이점이 있나요? 학교와 가정에서 어떻게 하나님을 예배할 수 있을까요?

"오직 너희는 그리스도의 복음에 합당하게 생활하라" (빌립보서 1:27)

삶으로 드리는 예배

우리는 주일날 교회에서 하나님께 예배하듯이, 매일의 삶 속에서
복음에 합당한 생활을 통해 하나님을 예배해야 합니다.

삶이 있는 신앙

• 주일 예배를 드릴 때, 온 정성을 다해 하나님을 예배합시다. 그리고 매일의 삶
속에서 크리스천답게 사는 생활을 통해 하나님을 예배합시다.

➡ 돌아보기
학교와 학원에서 나의 일상생활 모습을 관찰해보기

➡ 실천하기
Mission 1. 예배 시간에 딴 생각하지 않고, 하나님과 말씀에만 집중하기
Mission 2. 학교에서 점심 식기도 10초 이상하기
Mission 3. 교실에서 그리스도의 복음을 언행(言行)으로 살아보기

• 일주일 동안 세 가지 Mission을 수행하며 느낀 점을 선생님, 친구들과 함께 나
누어 보세요. 크리스천답게 복음에 합당한 삶을 산다는 것이 무엇인지 깊이 생
각해볼 수 있었나요?

삶을 위한 말씀의 창

"그러므로 형제들아 내가 하나님의 모든 자비하심으로 너희를 권하노니 너희
몸을 하나님이 기뻐하시는 거룩한 산 제물로 드리라 이는 너희가 드릴 영적
예배니라" (로마서 12:1)

Before & After

TV를 보거나 인터넷을 하다 보면 성형수술, 탈모 클리닉, 다이어트 등 예전의 모습과 현재의 모습을 대비해서 보여주는 광고들을 쉽게 볼 수 있습니다. 일부 과장 광고도 있겠지만, 그러한 변화의 이면에는 변화를 위한 엄청난 노력과 희생이 있었을 것입니다. 확실한 것은 노력을 통해 어려움을 이긴 사람들에게는 전과는 다른 변화된 모습이 있다는 것입니다. 대머리였던 사람들은 머리숱이 아주 풍성하게 생긴 모습의 사진들을, 다이어트 모델은 자신이 목표한 체중 감량을 통해 확실히 건강해진 몸매의 사진을 보여줍니다. 이처럼 이들은 어떠한 노력의 결과로 Before와 After의 모습이 확연하게 변한 것입니다.

우리는 예수님을 구주로 모시고 성령을 받은 하나님의 백성입니다. 그렇다면 예수님을 믿기 전인 Before의 모습과 예수님을 온전히 믿게 된 지금 After의 모습을 한번 점검해 보아야 합니다. 인터넷 광고들처럼 Before와 After가 달라졌습니까? 예수님을 믿은 지 상당한 시간이 흘렀음에도 불구하고 성령님과 동행하는 삶을 살고 있다고 고백하기가 부끄럽지는 않습니까?

하나님의 말씀은 능력이 있으며 우리의 전 삶을 통치합니다. 하나님의 말씀을 매일 묵상하고 기도하는 마음으로 하루하루를 살아간다면, 성령님께서 여러분을 새로운 사람으로 만들어주실 겁니다. 그리스도인은 복음에 합당한 생활을 통하여 매일 하나님을 예배하는 삶을 살아야 합니다.

Before ✣ After

"그런즉 누구든지 그리스도 안에 있으면 새로운 피조물이라
이전 것은 지나갔으니 보라 새 것이 되었도다"(고후 5:17)

9,10과

헌금 :

먼저 자신을 주님께 드리고

✦ 자신의 관점(틀)을 성경적 관점으로 옮기기 ✦

헌금을 내는 우리의 모습

헌금 시간입니다. 헌금을 내는 우리의 모습은 어떤가요.

부모님으로부터 헌금하라고 받은 돈을 PC방 게임비로 쓴 진주.
장난으로 헌금함에 빈 봉투를 낸 지찬이.
헌금을 깜빡 잊고 준비하지 않아, 급하게 주머니에 있는 잔돈을 낸 윤아.
십일조로 용돈의 1/10을 내는 게 아까워서 절반만 낸 주연이.

내 생각에는…

1. 위의 글을 읽고 무슨 생각이 들었니?

2. 혹시 헌금하는 게 아깝다고 생각한 적 있니?

3. 오늘 교회에 올 때 헌금을 어떻게 준비했니?

헌금을 드리는 우리의 자세

고린도전서 16:1-4, 고린도후서 8:1-5

1. '성도를 위하는 연보'는 무엇을 의미할까요(고전 16:1, 고후 8:2)?

> 【TIP】연보(捐補)란 '한 마음으로 순수하게 베푸는 호의나 은혜'를 뜻하며, 여기서 헌금(獻金)이란 의미가 생겨났다. 본문에서 사도 바울은 유럽 지역의 교회들에게 어려움을 겪고 있는 예루살렘 성도들을 돕기 위한 구제헌금을 요청하고 있다.

2. 사도 바울이 고린도교회의 성도들에게 '매주 첫날에 너희 각 사람이 수입에 따라 모아 두어서 내가 갈 때에 연보를 하지 않게 하라'(고전 16:2)고 이야기한 이유는 무엇일까요?

3. 사도 바울이 칭찬한 마게도냐교회의 성도들은 극심한 가난 가운데서도 어떻게 풍성한 연보(헌금)를 넘치도록 할 수 있었을까요(고후 8:1-5)?

4. 하나님께 헌금을 드리는 바른 자세에 대해 본문은 어떻게 말씀하고 있나요(고후 8:3-5)? 오늘(주일) 예배 시간에 나는 어떤 마음으로 헌금을 드렸나요?

Today's Focus

헌금은 성도가 서로를 돕고 교회를 섬기기 위해
자원하는 마음으로 하나님께 드리는 것입니다.

말씀의 렌즈로 생각해보기

1. 내가 하나님께 드렸던 헌금(십일조, 감사헌금, 절기헌금, 구제헌금 등) 중에서 기억에 남는 것이 있나요?

----

2. 나는 현재 주일헌금을 언제, 어떻게 준비하고 있나요? 주님이 기뻐하시는 헌금을 준비하기 위해서 어떻게 해야 할까요?

----

3. 내가 받는 용돈 중 '나를 위해 쓰는 돈'과 '남을 위해 쓰는 돈'의 비율을 퍼센트(%)로 표시해 보세요. '나를 위해 쓰는 돈' 중에서 줄여야 될 것은 무엇인가요? 그리고 비율을 더 늘리고 싶은 항목(선물, 저축, 기부, 헌금 등)은 무엇인가요?

HOT 토론

○ 이번 명절 때, 친척 어른들에게 많은 용돈을 받았습니다. 지금까지 받아보지 못했던 큰돈이었습니다. 명절이 끝나고 주일이 다가오자 받았던 용돈의 십일조 헌금을 드리려고 하는데, 자꾸 아깝다는 마음이 듭니다. 이럴 때 어떻게 해야 할까요? 바람직한 헌금생활을 위해 나에게 필요한 마음은 무엇일까요?

"사람이 어찌 하나님의 것을 도둑질하겠느냐 그러나 너희는 나의 것을 도둑질하고도 말하기를 우리가 어떻게 주의 것을 도둑질하였나이까 하는도다 이는 곧 십일조와 봉헌물이라" (말라기 3:8)

빛의 자녀! 말씀으로 빛나는 삶

헌금의 진정한 의미는 물질(돈)에 있지 않고 드리는
마음에 있습니다. 헌금 이전에 먼저 자신을 주님께
온전히 드리고 하나님의 뜻을 따라야 합니다.

삶이 있는 신앙

• 지금까지 나의 헌금 생활을 돌아보고 반성합시다. 주님께서 내게 주신 은혜를
묵상하며, 먼저 나 자신을 하나님께 드립시다.

⇨ 돌아보기

하나님 앞에 정직하게 헌금생활을 했는지 돌아보기

⇨ 실천하기

Mission 1. 헌금(십일조, 감사헌금, 주일헌금 등)에 대한 1년 계획을 세워봅시다.
Mission 2. 이번 달 용돈에 대한 계획을 세우고, 십일조를 미리 준비합시다.
Mission 3. 다음 주 헌금봉투를 미리 준비하고, 감사제목을 적어봅시다.

• 일주일 동안 세 가지 Mission을 수행하며 느낀 점을 선생님, 친구들과 함께 나
누어 보세요.

삶을 위한 말씀의 창

"우리가 바라던 것뿐 아니라 그들이 먼저 자신을 주께 드리고 또 하나님의
뜻을 따라 우리에게 주었도다" (고린도후서 8:5)

하나님께 제 몸이라도
드리고 싶었어요.

리빙스턴은 1813년 스코틀랜드의 가난한 가정에서 태어났다. 그는 어렸을 적 부모님과 함께 신앙생활을 하며 선교에 대한 비전을 품게 되었다. 리빙스턴의 어린 시절, 교회에서 있었던 일이다. 그 날은 추수감사절이었는데 예배의 설교가 끝나고 헌금 시간이 되었다. 성도들에게 헌금 바구니를 돌리는데, 소년 리빙스턴이 갑자기 헌금 바구니에 들어간 것이다. 교회의 모든 성도가 깜짝 놀라 그를 바라보았다.

예배 후에 목사님께서 리빙스턴에게 헌금 바구니에 왜 들어갔는지 물었다. 그러자 소년 리빙스턴은 "헌금은 없고, 하나님께 제 몸이라도 드리고 싶어 헌금 바구니에 들어갔어요."라고 대답했다.

이후 리빙스턴은 어린 시절의 결단에 따라 아프리카 선교사가 되어 평생을 헌신하였고, 오늘날 많은 사람에게 '아프리카 선교의 아버지'라고 불리게 되었다. 그는 아프리카의 흑인들이 노예로 끌려가지 않도록 노력하고, 그들에게 농사법을 가르치며, 의술을 베푼 진정한 의인이었다.

리빙스턴 선교사(David Livingstone, 1813-1873)

"내가 너희에게 분부한 모든 것을 가르쳐 지키게 하라
볼지어다 내가 세상 끝날까지 너희와 항상 함께 있으리라"(마 28:20)

말씀으로 우주 만물을 지으신 하나님

✦ 자신의 관점(틀)을 성경적 관점으로 옮기기 ✦

내 생각은~

언어게임(Language Game)

언어(말)와 세상의 논리구조에 관심을 가지고, 그것을 철학적으로 풀어낸 루트비히 비트겐슈타인(1889-1951)이라는 철학자는 "언어(말)는 환경, 문맥, 상황에 따라서 달라지고 사용과 실천에서 드러나는 일종의 게임(놀이)"이라고 했습니다. 그에 주장에 따르면, 언어는 고정된 본질, 개념, 이념, 생각이 있는 것이 아니라 의사소통의 현장에서 구현되는 상대적인 것이 됩니다. 아래의 두 글이 이를 잘 보여줍니다.

"천 년에 한 번 꽃을 피우는 나무가 있습니다. 그 꽃이 쌓여 하늘에 닿을 때까지 당신만을 사랑하겠습니다." 이 고백을 받는 이는 상대방에게 감동하겠지만, 대부분의 사람은 정도껏 거짓말을 하라고 생각할 것입니다.

1. 자신은 전자나 후자 중 어디에 가까운가요? 그 이유는 무엇입니까?

"별을 좋아하는 사람은 꿈이 많고, 비를 좋아하는 사람은 슬픈 추억이 많고, 눈을 좋아하는 사람은 순수하고, 꽃을 좋아하는 사람은 아름답고, 이 모든 것을 좋아하는 사람은 지금 사랑을 하고 있다." 이 말은 감수성이 풍부하고 문학적인 사람의 마음을 순수하게 만들겠지만, 시련의 아픔을 가진 이에게는 더 많은 고통을 안겨 줄 것입니다.

2. 자신은 전자나 후자 중 어디에 가까운가요? 그 이유는 무엇입니까?

하나님이 이르시되

창세기 1:3-2:3

1. 태초에 땅이 혼돈과 공허 가운데 있을 때, 하나님이 어떻게 세상이 있게 하셨습니까
   (3절, 6절, 9절, 14절, 20절, 24절, 요 1:1-3)?

   > 이 모든 날 마지막에는 아들을 통하여 우리에게 말씀하셨으니 이 아들을 만유의 상속자로 세우시고 또
   > 그로 말미암아 모든 세계를 지으셨느니라 (히브리서 1:2).

2. 하나님의 말씀은 어떤 결과를 만들었나요(7절, 9절, 11절, 15절, 24절)?

3. 우주 만물을 만드신 하나님은 어떤 마음이셨나요(4절, 10절, 12절, 18절, 21절, 25절)?

4. 하나님의 창조가 완벽하다는 것을 보여주는 표시는 무엇입니까?
   • 창세기 1:31-2:1
   • 창세기 2:2-3

5. 말씀하시면 그대로 되는 하나님께서 지금 원하는 것을 말하라고 하시면 무엇을 요
   청할 것인가요?

Today's Focus

하나님이 '말씀으로' 우주 만물을 창조하시고 행복해하셨습니다.

말씀으로 내 삶(문화) 읽기

1. 어떤 약속을 듣고 설렘으로 기다렸다가 낭패를 본 경우가 있으면 이야기해 봅시다. 왜 그런 낭패를 보게 되었나요? 그때 어떤 기분이었나요?

----

2. 전 세계 대부분의 나라에서 공적 약속을 가장 많이 하는 부류에 있는 이들이 정치인입니다. 수년 전, 동아일보 기사에 따르면, 한국인이 가장 존경하고 신뢰하는 44개의 직업을 조사했는데, 정치인들은 거의 후순위입니다. 약속을 가장 많이 하는 정치인이 그렇게 많은 신뢰를 받고 있지 못한 이유가 무엇일까요? 왜 그럴까요?

> 1) 부족한 인간 : 인간은 자신의 입으로 하지 못하는 말이 없다(천지를 창조하실 때 하나님이 하신 말까지도). 동시에 인간은 자신의 입으로 한 말 중에 지킬 수 있는 능력은 현저하게 떨어진다.
> 2) 연약하고 악한 인간 : 정치인들 중에 자신의 약속을 지키기 위한 공약(公約)이 아니라, 지킬 수 없거나 지키지 않는 공약(空約)을 하는 이들이 적지 않다.

----

3. 사람은 자신이 한 말을 지키고 싶어도 지키지 못하는 경우가 있습니다. 또 어떤 이들은 아예 지킬 마음이 없으면서도 위기를 모면하기 위해 약속을 하기도 합니다. 어떤 경우든 책임지지 못할 말들로 인해 상처와 아픔을 경험합니다. 그런데 하나님의 말씀은 인간의 말과 상당한 차이를 가집니다. 왜 그런 차이가 생길까요?

● 가끔씩 과학이 모든 것을 해결하는 만능열쇠인 것처럼 말하는 이들이 있습니다. 과학의 가능성과 한계점에 대해서 예를 들어서 생각을 나눕시다(불치병이라던 암이 과학의 발달로 정복되어 가고 있지만 새로운 질병을 마주함, 인간의 유전자 비밀을 풀면 영원한 생명의 길이 열릴 수 있을 것이라는 기대와 정신세계의 비밀을 풀 수 없다는 견해 등등).

자신이 한 말을 책임지는 삶

Discernments

크리스천은 말씀에 신실하신 하나님을 본 받아 자신의 말에 책임을 지고 지키려고 노력해야 합니다.

삶이 있는 신앙

• 한 주간 동안 말씀에 신실하신 하나님을 찬양하며 자신의 말에 책임을 집시다.

➜ 둘러보기
쉽게 말을 하고 제대로 지키지 않았던 것에 대해 반성하기

➜ 실천하기
가족(엄마, 아빠, 형제자매)에게 약속을 하고 지키기
약속에 신실하신 하나님을 자랑하기

• 둘러보기와 실천하기를 통해 얻은 기쁨을 자신의 SNS 메인에 올리세요.

하나님이 말씀하신 대로 되니라

하나님이 이르시되 천하의 물이 한 곳으로 모이고
뭍이 드러나라 하시니 그대로 되니라 (창세기 1:9)

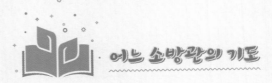

수년 전, 동아일보의 기사에 따르면, 한국인이 가장 존경하고 신뢰하는 직업 1위가 소방관입니다. 자신의 책임을 다하고 약속을 지키기 위해 노력할 것 같다는 것이 이유입니다. 1958년 미국의 소방관 스모키 린(Smoky Linn)이 화재 진압을 하는 중에 구하지 못한 세 명의 어린아이를 생각하며 지은 '소방관의 기도'라는 시에 이런 소방관의 자세가 잘 드러납니다.

신이시여, 제가 부름을 받을 때는 아무리 강력한 화염 속에서도 한 생명을 구할 수 있는 힘을 저에게 주소서! 너무 늦기 전에 어린아이를 감싸 안을 수 있게 하시고 공포에 떠는 노인을 구하게 하소서!

... 중략 ...

저희 임무를 충실히 수행하게 하시고 제가 최선을 다할 수 있게 하시어 저희 모든 이웃의 생명과 재산을 보호하고 지키게 하여 주소서!

신이시여! 내 차례가 되었을 때를 준비하게 하시고, 불평하지 않고 강하게 하소서 내가 들어가서 어린아이를 구하게 하소서! 나를 일찍 거두어 가시더라도 헛되지는 않게 하소서! 그리고 내가 그의 내민 손을 잡게 하소서.

3, 4과 진리 : 모든 것의 기준이 되는 말씀(Bible)

내 생각은~

'OOO가 진리이다.' 해당 가수를 좋아하는 어느 청소년 팬의 고백입니다. 요즘 대부분의 초·중·고생들은 자신이 좋아하는 화려한 외모를 가진 스타들이 섹시하고 카리스마적인 모습으로 춤추고 노래할 때 넋을 잃습니다. 예수님을 절대적으로 따르는 제자화와 유사한데, 대중문화에서는 이를 오빠부대, 혹은 팬클럽을 통해 형성된 '팬덤(특정한 인물이나 분야에 광적으로 빠져 신봉하는 문화현상)'이라고 합니다. 오늘날 팬덤에 빠진 십대들에게 자신이 좋아하는 가수는 [진리]이자 [등불]이며, 삶의 기준과 방향을 제시하는 [신 god]입니다. 이들에게 대중음악의 스타는 자신이 경배하는 신이고, 공연장은 예배 처소이며, 콘서트는 숭배 의식입니다. 교회 다니는 십대 중에 이 정도는 아니어도 스타가 예수님만큼 자신의 삶에 영향을 끼치는 이들도 있습니다.

여기에 대한 내 생각은 ~

1. 동의 : 청소년 시절에 그렇게 하는 것은 자연스러운 거잖아요.

----

2. 반대 : 대중가수에 대한 지나친 의존과 시간 할애는 심각한 문제예요.

----

3. 기타 :

삶의 기준: 말씀(성경)

신명기 11:18-20

1. 하나님의 말씀을 어디에 두라고 합니까(18-20절)?

----

2. 언제 하나님의 말씀을 가르치라고 합니까(19절)?

----

3. 하나님의 말씀을 삶의 모든 곳에 두고, 모든 장소, 모든 때에 가르치면 어떻게 됩니까?
   • 디모데후서 3:16-17절 :

   • 신명기 11:21-25절 :

> 우리가 그 어떤 것보다 우선해서 하나님의 말씀에 순종해야 하는 이유는 1) 천지를 창조하신 말씀이신
> 예수님과 동등한 효력을 가지기 때문이고(1과 내용), 2) 예수님만이 참되고 유일한 진리요 모든 것을 판
> 단하는 절대 기준이기 때문입니다.

4. 항상 말씀을 읽고 배우라고 하는데, 하루 혹은 한 주에 얼마나 말씀을 읽나요? 말
   씀을 읽었을 때와 읽지 않았을 때, 생활에 어떤 차이가 있나요?

Today's Focus

예수님이 말씀이며 또한 진리입니다. 그러므로 예수님의
말씀인 성경은 올바른 삶과 참된 축복의 기준입니다.

✦ 성경적 관점(틀)으로 살기 ✦

말씀으로 내 삶(문화) 읽기

1. 자신이 속한 공동체(가정, 교회, 학교)에 통용되는 성경의 원리와 세상의 원리를 적고 나누어 봅시다.
   • **성경의 원리 :**

   • **세상의 원리 :**

   ---

2. 어떤 일을 결정할 때, 자신이 가장 신뢰하는 사람, 혹은 가르침(책, 인터넷 정보)이 무엇인가요? 그것을 신뢰하는 이유는 무엇인가요?

   ---

3. 말씀보다 더 많이 의지하고 신뢰하는 다른 것(대중음악 심취, 외모에 대한 지나친 관심, 대중 스타에 대한 지나친 몰입 등)에 대해 예수님께서 나에게 무엇이라고 말씀하실 것 같나요? 왜 그렇게 말씀하실까요?

   ---

4. 우리를 창조하신 하나님의 말씀과 그분의 피조물인 인간의 지식은 어떤 차이를 가질까요?

오늘날 우리가 사는 시대를 포스터모던시대라고 합니다. 포스터모던시대의 특징 중 하나가 진리의 상대성입니다. 모든 주장이 나름대로의 타당성을 가지기에 존중해 주어야 한다는 것입니다. 그런데 예수님의 가르침은 이런 시대 정신과 반대입니다. 진리이신 예수님이 주신 성경만이 절대 진리이며, 다른 가르침의 옳고 그름을 판단하는 기준이 됩니다. 그렇기에 기독 청소년은 포스터모던이 말하는 상대 진리가 아니라, 성경이 말하는 절대 진리를 따라갑니다.

◎ 시험 기간에 예배대신 학원에 가서 열심히 공부해서 좋은 성적을 받은 친구가 하나님께 감사헌금을 드릴 때, 하나님께서 뭐라고 하실까요? 만약 거기에 문제가 있다면 어떻게 해야 할까요? 서로의 의견을 나누어 보세요.

말씀에 기초한 삶

Discernments

말씀(성경)은 우리 삶의 방향성을 제시할 뿐만 아니라, 축복을 위한 기초가 됩니다. 말씀이 올바른 삶과 참된 축복의 기준이기 때문입니다. 그렇기에 공부나 문화에 관심을 쏟는 것 이상으로 말씀을 가까이해야 합니다.

삶이 있는 신앙

• 한 주간 생활 현장에서 말씀대로의 삶을 실천해 보세요.

　→ 둘러보기

　　자신의 삶에서 성경적이지 못한 부분 쓰기(욕설, 거짓말, 친구 왕따시킴)

　→ 실천하기

　　지금부터 말씀 읽기표 작성 및 매일 읽기(하루에 3장, 혹은 기타)
　　한 편 이상의 설교를 듣거나(홈페이지 등 시청) 성경공부 참여하기
　　공부하기 전, 학교에서는 기도로 시작하고, 집에서는 성경을 읽고 하기

• 기도하기, 말씀 읽기, 설교 듣기, 성경공부 등을 통한 변화와 느낀 점에 대해서 교회의 선생님 혹은 친구들과 나누어 보세요.

말씀에 기초한 삶을 위한 거울

너희는 나의 이 말을 너희의 마음과 뜻에 두고 또 그것을 너희의 손목에 매어 기호를 삼고 너희 미간에 붙여 표를 삼으며 또 그것을 너희의 자녀에게 가르치며 집에 앉아 있을 때에든지, 길을 갈 때에든지, 누워 있을 때에든지, 일어날 때에든지 이 말씀을 강론하고 또 네 집 문설주와 바깥 문에 기록하라 (신명기 11:18~20)

 말씀을 최고로 여긴 사람들

미국 동부에 있는 예일대학교는 하버드대학교와 쌍벽을 이루는 학교로, 아이비리그(미국 동부 지역 8개 명문 사립대학교)에 속한 대학들 중에서도 최고의 대학교입니다. 한때 이 대학교의 총장을 지낸 존경받는 학자였던 W. L. 펠프 박사는 "나는 젊은이들에 대한 대학교육의 필요성을 철저히 믿는다. 그러나 성경교육이 없는 대학교육보다는 대학교육이 없는 성경교육을 더욱 값진 것으로 믿는다."라고 했습니다. 아무리 세상 학문이 대단하고 위대해도 성경의 가르침에 비할 바가 아닙니다.

학문만 그런 것이 아닙니다. 미국에서 세계 최대 백화점을 운영하며 후에 체신부 장관까지 역임한 J. 워너메이커는 창업 60주년을 맞은 기념행사에서 한 기자의 질문을 받습니다. "회장님, 지금까지 투자한 것 중에서 가장 성공적인 투자가 무엇이었습니까?" 그는 한치의 머뭇거림도 없이 이렇게 대답했습니다. "나는 오늘까지 30,026일을 살아오면서 투자하는 것마다 많은 이윤을 남겼습니다. 그 가운데 제가 한 가장 위대한 투자는 열 살 때, 2달러 75센트를 주고 빨간 가죽 성경을 산 것입니다. 왜냐하면 그 성경이 현재의 나를 만들었기 때문입니다." 세상의 부귀와 영화가 아무리 대단해도 성경대로의 삶에 비할 바가 아닙니다.

5,6과

사사 시대 :
경로 이탈

✦ 자신의 관점(틀)을 성경적 관점으로 옮기기 ✦

이번 과에서는 구약 39권 중 여호수아, 사사기, 룻기를 살펴봅니다.
사사 시대는 이스라엘 백성들이 가나안 땅에 들어가고 정착하는 시기입니다. 그리고 여전히 남아 있던 이방 민족과 그들의 신과 하나님 사이에서 분명한 자신들의 길을 선택해야 하는 시기였습니다. **여호수아**는 모세의 뒤를 이어 지도자가 된 여호수아의 가나안 정복 전쟁과 정착 및 땅 분배를, **사사기**는 타락-심판-구원-타락의 사이클 속에서 하나님께서 보내신 12명의 사사들(옷니엘, 에훗, 삼갈, 드보라, 기드온, 돌라, 야일. 입다. 입산, 엘론. 압돈, 삼손)의 이야기를, **룻기**는 이방여인 룻을 통해서 구속의 계보를 이끌어 가시는 하나님의 은혜의 내용입니다. 사사 시대를 가장 잘 설명하는 것이 이 말씀입니다. "그 때에는 이스라엘에 왕이 없었으므로, 사람마다 자기 소견에 옳은 대로 행하였더라(삿 17:6, 21:25)."

내 생각은~

강남역 묻지마 살인사건

사이코패스(Psychopath)는 반사회적 인격 장애증을 앓고 있는 사람을 가리킨다. 평소에는 정신병질이 내부에 잠재되어 있다가 범행을 통해서만 밖으로 드러나기 때문에 주변 사람들이 알아차리지 못하는 것이 특징이다.

-두산백과-

가끔씩 우리는 TV나 신문을 통해서 사이코패스 범죄자들의 '묻지마 살인'에 대한 잔인성과 심각성을 보게 됩니다. 교도소 수감자의 50%~80%가 반사회적 성격장애를 가지고 있고 15%가 사이코패스라고 합니다.
'강남역 묻지마 사건' 역시 평소에 여자들에게 무시를 당한 한 남성이 길 가던 여성을 무차별적으로 살인한 끔찍한 사건이었습니다.

1. 사이코패스와 같은 반사회적인 범죄나 행동에 대해서 어떻게 생각하나요?

_____

2. 주변이나 신문, TV에서 이해가 되지 않는 행동이나 사건을 본 적이 있나요? 이해가 되지 않은 이유가 무엇인가요?

_____

자신의 소견에 옳은대로 행하더라

여호수아, 사사기, 룻기

1. 가나안 정복 전쟁을 이끌던 여호수아처럼, 이방 신상을 버리고 온전히 하나님을 섬기겠다고 했던 이스라엘 백성들이(수 24:15-21) 어떻게 바뀌었나요(삿 2:10, 17:6, 21:25)?

> 여호수아는 순종을 다짐하는 백성들에게 가나안 족속을 완전히 몰아내고 정복한 후에(수 23장) 가나안 민족의 풍습을 본받지 말고 온전히 하나님을 섬기라고 했다(수 24장). 그런데 그들은 반대로 했다.

2. 가나안 땅에 정착한 이들의 삶은 어떠했나요(삿 3:7-11, 4:1-24, 6:1-8:35)?

> 하나님은 가나안 족속 얼마를 남겨 두셨다. 그 이유는 이스라엘 백성이 하나님께 온전히 순종하는지를 확인하기 위함이었다(삿 2:20-23).

3. 나오미는 사사 시대 이스라엘 백성들의 삶의 모습을 보여줍니다. 하나님을 떠나 모압 땅으로 갔던 나오미의 삶은 어떠했나요(룻 1:1-5)?

----

4. 사사 시대의 이스라엘 백성들의 삶이 고단하고 힘들었던 이유는 무엇인가요(삿 17:6, 21:25, 룻 1:1)? 하나님이 위기에 처한 백성들을 구하기 위해 누구를 보냈나요(삿 2:16, 4:4, 12:7, 15:20)?

----

5. 사사기를 보면, 개인의 범죄가 가정의 범죄로, 나아가서 민족의 범죄를 확장됩니다. 한 개인의 문제가 어떻게 가정과 사회에 영향을 미칠까요?

> 12명의 사사 이후 삿 17-18장에는 미가라는 에브라임 사람의 개인 우상을 단지파가 무력으로 빼앗아 가는 내용이 나온다. 그리고 삿 19-21장에 레위인의 첩 사건으로 민족의 분열과 전쟁이 일어나게 된다.

Today's Focus

하나님의 말씀을 온전히 따를 때, 우리의 길이 열립니다.

✦ 성경적 관점(틀)으로 살기 ✦

말씀으로 내 삶(문화) 읽기

1. 여룹바알이라 하는 기드온의 아들 아비멜렉은 하나님의 백성을 구하기 위해 보냄
   받은 사사였음에도 불구하고, 자신의 권력(?)을 지키기 위해 형제 70명을 죽이는 악
   행을 저지릅니다. 요즘 적지 않은 사람들이 교회를 비판합니다. 그 이유를 사사 아
   비멜렉의 위치와 그의 행동에 적용해서 설명할 수 있을까요?

-----

2. 우리 주변에 학교 내 폭력, 비행, 공부 기피, 등교 거부, 학생간의 갈등, 학생과 선생
   님 간의 인간관계 파괴 등과 같은 청소년 문제들이 있습니다. 이런 일은 왜 일어날
   까요? 덧붙여서, 이런 문제를 '경로 이탈'의 관점에서 나누어 보세요.

-----

3. 이스라엘 백성은 시대의 영향을 받았고, 자신들의 생각을 거기에 맞추다가 고통과
   아픔을 겪었습니다. 하나님의 말씀을 떠나서 자기중심적으로 생각하고, 판단하고,
   결정하는 것이 왜 문제가 되나요(주변의 구체적인 예를 들어서 말해 보세요)?

● 우리 주변에 '관행'이라는 것이 많이 있습니다. 잘못된 것이 분명한데도 예전부터 해 오던 것이라는 이유로 계속 하는 것들이 여기에 속합니다. 자신의 주변이나 사회에 비정상이 정상으로 여겨지는 것을 찾아 보세요(김영란 법 시행 이전의 촌지, 유전무죄 무전유죄 등). 그것을 그대로 두면 어떤 결과를 가지고 올까요? 우리는 크리스천으로서 그것에 대해 어떻게 대응해야 할까요?

주님만 의지하기

Discernments

우리 삶에 하나님 보시기에 잘못된 길이 있으면, 옳게 방향을 돌려야 합니다. 그 과정에서 손해를 봐야 한다면 그것을 각오해야 합니다.

• 내가 생각하는 정도(正道)와 성경이 말하는 정도(正道)에 대해 생각해 봅시다.

➡ 둘러보기
나에게 성경과 다른 것을 자연스럽게 하는 것 찾아보기

➡ 실천하기
한 주 동안 십계명을 하루에 한 번 읽기(옳은 원리)
야고보서 1장을 하루에 한 번 읽기(옳은 길)

• 실천하기를 통해 느낀 것을 친구들과 나누어 보세요.

나의 선택은

그 때에는 이스라엘에 왕이 없었으므로 사람마다
자기 소견에 옳은 대로 행하였더라 (사사기 17:6)

신앙과 삶의 일치를 향하여

수년 전, '기독교윤리실천운동'이 한국교회에 대한 사회적 신뢰도 여론조사 결과 교회를 그렇게 신뢰하지 않는다는 연구조사를 발표했습니다. 왜 교회는 빛과 소금의 역할을 감당한다고 말하는데 사회는 그렇게 느끼지 못할까요? 이분법적인 사고방식 때문입니다. 교회에서는 거룩하고 예의바른 신앙인인데, 삶의 현장에서는 자기 소견에 옳은 대로 살았던 사사 시대의 이스라엘 백성과 비슷합니다. 어떻게 하면 교회의 교회다움을 회복할 수 있을까요? 이에 대해 김병연 교수는 교회가 바른 크리스천을 양육해야 한다고 합니다. 더 나아가 교회가 사회와 접촉하는 방식을 전면적으로 재검토하고 효과적으로 사회와 소통해야 한다고 합니다.

우리는 하나님의 도우심으로 살아야 했던 나실인 삼손이 자신의 방법대로 살다가 하나님의 영이 떠난 줄도 모르고 힘을 쓰려다가, 처참하게 눈이 뽑히고 조롱거리가 된 것을 잘 알고 있습니다. 어쩌면 우리도 그렇게 예수님을 믿고 있는지 모릅니다. 자신에게 어떤 문제가 있는지 모른 채, 겉모습만 크리스천의 모습을 한 바리새인과 같은 사람들 말입니다.

성경 말씀은 우리의 좌표이며 기준입니다. 나의 기준으로 세상을 바라보는 것이 아니라 성경 말씀의 렌즈로 세상을 바라보고, '신앙과 삶의 일치'를 위해서 노력해야 합니다.

내 삶이 주님의 것임을 인정하는 행위

✦ 자신의 관점(틀)을 성경적 관점으로 옮기기 ✦

내 생각은~

지현이의 예배 : 월요일부터 기말고사가 시작되는 지현이는 주일 새벽까지 공부를 했습니다. 새벽에 잠이 든 지현이는 늦잠을 잤고, 30분 늦게 고등부 예배를 드렸습니다. 예배를 마치고, 담임 선생님에게 기말고사 때문에 학원에 가야 한다면서 성경공부와 친교 모임을 뒤로 하고 예배당을 빠져 나왔습니다.

민수의 예배 : 고등부 총무인 민수는 교회에서 모범생입니다. 항상 예배 전에 와서 예배를 준비하고, 열심히 찬양을 부릅니다. 그런 민수가 집으로 돌아가면 TV, 인터넷 게임, 휴대폰에서 눈과 손을 떼지 않습니다. 학교에서는 공부는 뒷전이고 좋아하는 여자친구와 함께하는 데 시간을 보냅니다. 물론 성경은 거의 읽거나 묵상하지 않습니다.

1. 지현이가 드린 예배를 하나님이 어떻게 받으실까요? 왜 그렇게 생각하나요?

----

2. 민수의 모습을 보면서 드는 생각은 무엇인가요? 민수에게 어떤 말을 해주고 싶은가요?

일상생활과 분리되지 않는 예배

요 4:23-24, 마 5:23~24, 창 4:1-7, 롬 12:1-2

1. [공적 예배] 예수님은 우리가 영이신 하나님께 어떻게 예배를 드려야 한다고 말씀하시나요(요 4:23-24)?

> 영과 진리로 하라는 것은 오직 예수님의 십자가에 기초해서 성령의 도우심으로 전심을 다해 예배 드리라는 의미이다.

2. [공적 예배] 예배 순서 중 하나(찬양, 헌금, 말씀 듣기 등등)를 예로 들면서 올바른 예배에 대해 서로 나누어 봅시다.

---

3. [공적 예배] 우리 고등부(혹은 개개인)가 영과 진리로 예배를 드리기 위해 어떤 부분을 보완하거나 새롭게 해야 할지 서로의 생각을 나누어 봅시다(위의 원리 적용하기).

---

4. [삶의 예배] 예수님은 어떤 경우에 예물(예배)을 드리다가 예배를 중지하라고 합니까? 그리고 어떻게 한 후에 예배를 드리라고 합니까(마 5:23-24)?

---

5. [삶의 예배] 가인과 아벨 모두 자신에게 주어진 삶의 열매로 예배를 드렸습니다. 그 결과는 어떠합니까(창 4:1-7)?

Today's Focus

하나님은 온 마음과 진심이 담긴 예배를 기뻐하십니다.

✦ 성경적 관점(틀)으로 살기 ✦

6. [삶의 예배] 왜 하나님은 아벨의 예배는 받으시고, 가인의 예배는 받지 않으셨을까요?
   더 나아가 왜 공적인 예배가 삶의 예배에 토대가 되나요(예배를 드리다가 불화를 풀고
   오라는 말씀과 아래 설명을 참고하세요)?

> 하나님이 가인의 예배를 받지 않은 다양한 이유 중에, 삶과 마음의 불성실이 있다. 성경은 이렇게 말한
> 다 "가인 같이 하지 말라. 그는 악한 자에게 속하여 그 아우를 죽였으니 어떤 이유로 죽였느냐? 자기의
> 행위는 악하고 그의 아우의 행위는 의로움이라(요일 3:12)." 이는 가인이 예배를 드릴 말한 삶의 모습이
> 갖추어져 있지 않았음을 의미한다. 가인이 하나님이 자신의 예배를 받아주지 않자 안색이 변한 사실에
> 서 그것을 알 수 있다. 또한 "네가 선을 행하면 어찌 낯을 들지 못하겠느냐(창 3:7)"는 하나님의 말씀에
> 서도 알 수 있다. 요한은 가인을 악하다고 하고, 성경은 하나님이 악한 자의 예배를 미워하신다고 한다
> (잠 15:8). 가인은 삶을 자기 중심적으로 살았고, 예배도 자기 중심적으로 드렸다. 하나님은 그것을 악하
> 다고 했으며, 그 예배를 받지 않으셨다. 예배는 그 시간만이 아니라 삶 전체가 드려지는 것이다. 그
> 렇기에 예배를 드리는 것도 중요하지만, 먼저 우리의 생활을 하나님을 기쁘시게 하는 삶으로 드리는
> 것이 중요하다.

7. [삶의 예배] 하나님이 우리에게 원하시는 예배는 우리의 몸을 하나님께 드리는 것입니다.
   그 구체적인 방법이 무엇인가요(롬 12:2)?

   ----

8. [참된 예배] 오늘 공적으로 드린 나의 예배는 몇 점 정도가 될까요? 그 이유는?
   • 공적 예배 자체에 온전히 집중한 측면에서 :

   • 삶의 예배(주변 친구나 유행하는 문화 따라 하지 않기, 말씀으로 새롭게 되기, 하나님이 좋아하시는
     행동 하기)의 측면에서 :

Today's Focus

공적 예배는 일상생활과 분리될 수 없습니다.
하나님은 일상의 삶 모두와 함께 공적인 예배를 받기 때문입니다.

● 주일에 드리는 공적 예배는 평소에 학교와 가정이라는 일상의 삶 전체
가 함께 드려지는 것이라고 했습니다. 이에 비추어서 앞부분에 나온 지
현이와 민수의 예배가 온전해지려면 어떻게 해야 하는지 나누어 보세
요(개인의 일상과 공적인 예배의 모습도 나누어 보세요).

참된 예배자

Discernments

예수님께 드리는 전심을 다한 공적 예배는 일주일의 삶 전부를 함께 드
릴 때 온전해집니다. 하나님이 우리 삶(삶의 예배)을 온전히 담은 예배
(공적 예배)를 받기 원하시기 때문입니다.

삶이 있는 신앙

• 가정, 교회, 학교에서 온전한 예배를 드려 보세요.

⟶ 둘러보기
[공적 예배] 지금까지 내가 드린 예배의 부족했던 부분을 기록해 보세요.
[삶의 예배] 하나님이 좋아하시지 않을 생활 습관을 기록해 보세요.

⟶ 실천하기
[공적 예배] 앞으로 예배를 잘 드리기 위한 구체적인 나의 결심 적기
[삶의 예배] 내가 바꿀 구체적인 습관을 적고 변화를 위해 노력하기

• 참된 예배를 위해 자신의 변화를 실천하는 내용들을 기록해서 어떻게 바뀌어
가고 있는지 확인(점검)해 보세요.

참된 예배

그러므로 예물을 제단에 드리려다가 거기서 네 형제에게 원망들을 만한 일이 있
는 것이 생각나거든 예물을 제단 앞에 두고 먼저 가서 그 형제와 화목하고 그 후
에 와서 예물을 드리라 (마태복음 5:23-24)

신앙생활을 주일날 교회 와서 예배드리고, 분반 공부하는 정도로 여기는 사
람들이 있습니다. 그래서 예배 이후의 다른 시간과 요일은 자신이 하고 싶은
대로 합니다. 한마디로 신앙생활이 자신을 조금 돋보이게 하는 액세서리거
나, 불안과 답답함을 메워주는 보조수단입니다. 이렇게 신앙생활을 하는 것
을 '이원론'이라고 합니다. 신앙이 자신의 삶에 전혀 영향을 미치지 않는 것
입니다. 예를 들어, 학교에서는 거친 말을 입에 달고 사는 친구가 교회에서
는 신앙 좋은 청소년입니다. 가정에서는 부모님과 다투기만 하면서 교회에
오면 모범생입니다. 학교 친구들 사이에서는 폭력을 행사하면서 교회에서는
순수한 학생입니다. 이것은 아닙니다. 신앙은 삶에 녹아 있어야 합니다. 일상
생활과 교회에서의 모습의 간격을 메우며, 하나님의 자녀답게 살려고 노력
하는 것이 신앙생활입니다. 이러한 노력이 하나님께 삶으로 예배를 드리는
것이고, 이런 모든 노력을 하나님께 올려드리고 더 나은 삶을 결단하는 것이
공적 예배입니다. 이 두 예배가 조화를 이룰 때, 우리는 제대로 된 예배를 드
리게 됩니다. 이것을 '삶이 있는 신앙'이라고 합니다. 예배가 삶이 되고(삶의
예배), 삶이 예배가 되면서(공적 예배) 점점 성숙해지는 것이 참된 예배를 드
리는 것이고, 진정한 예배자로 세워 가는 것입니다.

9,10과 헌금 : 십분의 십

내 생각은~

요즘 적지 않은 사람들이 "십일조 제도는 구약에만 있고 신약에는 없다."라고 하면서 "다른 헌금처럼 자율적으로 하면 된다."라고 합니다. 이렇게 말하는 사람들의 외형적 모습은 성경을 충실하게 따르는 사람들 같습니다. 그러나 이렇게 질문하면 그 사람들 주장의 아이러니가 드러납니다. "하라고 한 적이 없는 십일조가 자율이면, 성경에 하라고 한 것들은 필수니까 그 말씀을 잘 지킵니까?" 안 지킬 확률이 높습니다. 하라고 한 것은 하지 않으려고 노력하고, 가타부타 말이 없는 것은 더 자연스럽게 하지 않으려는 마음에서 그런 말이 나왔을 확률이 상당히 높기 때문입니다. 그러니 "술 취하지 말라고 했지, 먹지 말라는 말은 없지 않느냐?"와 유사한 이런 말은 토론의 가치가 거의 없습니다. 하나님의 말씀은 자기주장이나 생각을 정당화하는 수단이 아니라, 제대로 된 의미를 파악하고 순종해야 하는 우리 생활의 척도이기 때문입니다. 그러므로 자신의 생각을 관철시키기 위해 성경에 십일조를 하라는 말이 있느냐 그렇지 않느냐로 접근할 것이 아니라, 성경이 말하고자 하는 것에 순종할 마음을 가지고 십일조에 대해 접근해야 합니다.

1. 나의 삶에서 십일조를 드린다는 의미는 어떤 의미입니까(시간, 물질)?

----

2. 십일조 논쟁과 관련해서 위와 같이 주장하는 것에 대해 어떻게 생각하나요?

하나님의 영광을 위한 삶

로마서 12:1, 14:7-8, 갈라디아서 2:20

1. 예수님의 십자가 은혜로 구원 받은 사람의 삶은 누구의 것이며, 그 삶의 본질은 무엇인가요(롬 14:7-8, 갈 2:20)?

----

2. 영적 예배, 즉 우리의 모든 것이 하나님께 예배가 되는 삶은 어떤 것인가요(롬 12:1)?

----

3. 우리가 우리의 모든 삶을 하나님과 그분의 나라를 위해 헌신하면, 하나님이 우리에게 어떻게 해 주시나요(마 6:19-34)?

> 구약의 십일조는 우리에게 있는 모든 것이 하나님께서 주신 것임을 인정하는 행위이다. 또한 지속적인 하나님의 축복을 보장하는 방편이다(말 3:7-12). 구약에서 말하는 이런 십일조가 확대된 신약의 개념이 우리가 모든 것을 다해서 하나님 나라를 추구하는 것이다. 그렇게 하면 하나님이 우리가 먹고, 입고, 마시는 모든 것을 책임져 주신다(마 6:31-33).

----

4. 이상에서 볼 때, 구약이 말하는 십일조와 신약이 말하는 주님을 위한 삶의 의미는 동일합니다. 그 의미에 대해 말해 보세요.

Today's Focus

**십일조는 돈이 아닌 하나님이
내 인생의 주인이심을 고백하는 행위입니다.**

✦ 성경적 관점(틀)으로 살기 ✦

말씀으로 내 삶(문화) 읽기

1. 십일조를 비롯한 기독교의 헌금과 기타 종교의 헌금은 어떤 차이가 있나요?

----

2. 현재 십일조를 드리고 있나요? 십일조를 할 때, 어떤 마음가짐, 혹은 자세로 하나요?

----

3. 하나님께 산술적인 십일조를 드리고 나머지를 자신의 유익을 위해 사용하는 것은 십일조가 아닙니다. 그렇다면 십일조 이외의 돈을 어떻게 사용해야 하나요? 아래 팁을 보고 구체적인 예를 들고, 이전의 자세와 이후의 자세에 대해 서로 나누어 보세요.

> 【TIP】용돈으로 친구에게 점심을 사 줬을 경우, 자신이 돈이 있음을 드러내기 위한 의도로 그렇게 했으면 하나님과 무관하다. 그러나 언젠가 전도하기 위해, 혹은 하나님이 말씀하신 선을 베풀기 위한 마음으로 그렇게 했다면 온전한 십일조를 한 것과 동일하다.

----

4. 자신에게 있는 모든 것, 특별히 모든 돈이 주님의 것임을 인정하는 최소한의 행위가 십일조입니다. 다음 글을 읽고 사인을 하세요.

> 앞으로 내게 있는 모든 것이 하나님의 것임을 인정하는
> 최소한의 행위인 십일조를 하겠습니다.
>
>   ----------------(인)

◎ 성산이는 받은 용돈에서 십일조를 잘 드립니다. 그리고 그 외의 돈으로 자신이 사고 싶은 옷, 전자 제품, 외식, 연예인의 콘서트 티켓 구매와 같은 곳에 사용합니다. 다음 질문에 대답해 보세요. 헌금으로서 성산이의 십일조 생활은 어떤가요? 삶의 모든 것을 드리는 것이 십일조라는 면에서 성산이의 십일조 생활은 어떤가요? 어떻게 해야 성산이의 십일조 생활이 좋아질까요?

모든 영광을 하나님께

Discernments

십일조는 우리의 삶이 주님의 것이고 그 삶을 주님께 드리는 행위입니다. 그러므로 주어진 삶의 현실에서도 하나님의 영광을 위해 돈을 사용해야 합니다.

삶이 있는 신앙

• 한 주간 온전한 십일조를 드려봅시다.

→ 둘러보기
  평소에 용돈 사용처를 기록하기

→ 실천하기
  자기 수입의 십일조 헌금을 꼭 하기
  평소 용돈 사용처 중에서 하나님을 위하여 더 잘 사용하는 길 찾기

• 하나님의 영광을 위하여 모든 돈이 사용되어야 한다는 것을 배우면서 느끼고 실천하는 것에 대해 부모님과 나누어 보세요.

일상성의 영성

그러므로 형제들아 내가 하나님의 모든 자비하심으로 너희를 권하노니
너희 몸을 하나님이 기뻐하시는 거룩한 산 제물로 드리라
이는 너희가 드릴 영적 예배니라 (로마서 12:1)

록펠러의 십일조

하루는 어느 기자가 록펠러(J. D. Rockfeller)에게 물었습니다. "선생님은 36년 동안 세계 제일의 부자로 살아오셨습니다. 그 비결이 무엇인가요?" 록펠러가 이렇게 대답합니다. "나는 우리 아버지 어머니로부터 엄청난 유산을 물려받았습니다." "그게 무엇입니까?" "내 나이 6살 때까지 우리 부모님은 내 손을 잡고 주일날이면 꼭 교회에 데리고 가셨습니다. 그러다 6살이 되던 생일날, 이제는 혼자 주일학교에 가라고 하시면서 20센트를 주셨습니다. 그러시면서 하시는 말씀이 '그중 2센트는 하나님의 것이다. 그러니 그것은 하나님께 드리고 너는 18센트만 쓰라'고 하셨습니다."

록펠러의 부모님은 가난한 농부였습니다. 그러나 그는 6살 때부터 십일조 훈련을 받았고, 97살에 세상을 떠나기까지 한 번도 거른 적이 없습니다. 심지어 록펠러 회사에는 십일조를 계산하는 부서가 따로 있었고, 그것만을 계산하는 직원이 40여 명 정도 있었습니다. 그리고 그가 지은 12개의 대학이 그의 십일조로 지은 학교입니다. 이것은 단지 십일조만을 드린 것을 넘어서, 십일조를 통해 삶까지 주님께 드린 모범입니다. 수입의 십일조를 하나님께 드림으로써 하나님의 것을 하나님께 돌려드린 록펠러를 향한 하나님의 사랑과 축복이 선순환을 이루어서 이런 어마어마한 일을 가능하게 했기 때문입니다.

11과 특강 : 세계관에 기초한 설교 2

하나님과 함께 시대정신(포스트모더니즘) 뛰어넘기 - 이재섭 목사

주님과 함께 현실을 직면하라! (민수기 14:1-10)

수년 전, 수도권 지역에 사는 초·중·고생들의 윤리의식을 설문조사 한 결과가 연합뉴스에 실렸습니다. 그 중에서 가장 심각한 질문에 대한 대답인데, "10억이 생긴다면 잘못을 하고 1년 정도 감옥에 가도 괜찮다."라고 생각하는 비율이 초등학생 12%, 중학생 28%이고, 고등학생 44%입니다. 우리나라 초등학생 100명 중 12명, 중학생 28명, 고등학생 44명이 10억 때문에 1년 동안 감옥에 가겠다고 마음을 먹고 있다는 것은 정말 심각합니다. 교육의 목적을 어떻게 정의하든, 돈을 위해 감옥에 가도록 의지를 다지는 것은 아닐 것입니다. 그것보다는 도덕적 가치관이 확립되고 윤리의식을 높이는 것이 교육이 추구하는 본래 목적일 거예요. 그런데 위 설문조사에서 봤듯이 우리 사회의 어린 청소년들의 현실은 그 반대입니다. 이 자체도 심각한데, 더 심각한 것은 이 현상들이 성경의 가르침과도 대척점에 서 있다는 겁니다. 성경은 자신의 유익을 위해 불의에 눈을 감으라고 가르치지 않습니다.

물론 이유 없이 이런 결과가 생긴 것은 아니고, 맞닥뜨린 현실이 답답한 거예요. 그 현실을 정석대로 살아서는 답이 없어 보여요. 부정, 불법, 편법이 난무하기 때문입니다. 우리나라 속담에 "개천에서 용난다."라는 말이 있습니다. 이 말은 주어진 현실은 힘들지만 열심히 노력하고 달려가면 희망을 볼 수 있다는 말입니다. 예전에는 이 속담이 통해서 밤새도록 공부하고 코피 흘리도록 열심히 했습니다. 그런데 요즘은 어때요? 밤새도록 노력해서 자기 실력으로 공부한 친구보다 고액 과외나 인터넷 검색 잘해 좋은 글 찾아서 적당히 편집하여 낸 친구가 좋은 성적을 받고 그것을 자랑합니다. 이런 현실 가운데 그리스도 예수의 좋은 군사로 하나님의 영광을 드러내려면 어떻게 해야 할까요? 먼저 기억하세요. 오늘 자신의 선택과 결단이 크리스천으로서의 정체성을 보여주고, 훗날 어떤 사람으로 서게 될 지를 가늠하는 척도가 됩니다. 본문이 그 이야기이고, 또한 우리의 이야기이기도 합니다.

본문 내용은 민수기 13장부터 시작되는데, 출애굽하여 홍해를 건넌 장정만 60만 명이 넘는 이스라엘은 가나안 땅을 향해 전진하고 있었습니다. 모세는 가나안 상황을 알아보기 위해서 12명의 스파이를 침투시킵니다. 40일 동안 그 땅을 돌아본 사람들이 모세와 백성들에게 보고를 했습니다. 결과는 10대 2였습니다. 정복의 불가능을 말하는 이들이 10명이었고, 가능하다고 말하는 이들이 2명이었습니다. 민수기 13장 31-33절에 나오는 10명의 보고가 이렇습니다. "우리가 두루 다니며 정탐한 땅은 그 거주민을 삼키는 땅이요 거기서 본 모든 백성은 신장이 장대한 자들이며, 거기서 네피림 후손인 아낙 자손의 거인들을 보았나니 우리는 스스로 보기에도 메뚜기 같으니 그들이 보기에도 그와 같았을 것이니라." 13장 28절에 있는 2명의 보고도 별반 다르지 않습니다. "그 땅 거주민은 강하고 성읍은 견고하고 심히 클 뿐 아니라" 거인 같은 아낙 사람을 보았다는 겁니다. 12명이 본 눈앞의 현실이 같았어요. 좋은 땅인 것은 맞는데, 우리 힘으로 정복은 불가능하다는 겁니다. 그런데도 2명은 정복하러 가자고 합니다. 이런 현실 앞에 10명은 정복 불가를, 2명은 정복 가능을 말합니다. 이제 두 가지 선택지를 받아든 백성들이 선택할 차례입니다.

주어진 현실을 '회피'하는 이스라엘 백성들

사실 이스라엘 백성이 처한 현실이 오늘을 살아가는 기독 청소년이 접하는 현실이고, 그들이 선택한 두 가지 결정이 또한 우리 앞에 놓인 선택입니다. 나아가 그들의 선택으로 인한 결과 또한 우리의 결과입니다. 이스라엘 백성이 결코 이길 수 없을 것 같은 삶의 현실 앞에서 택한 첫 번째 선택은 회피입니다. 1절에 보면, 현실적으로 불가능하다는 말을 듣고 온 백성이 밤새도록 통곡했는데, 200만 명 이상의 사람들이 통곡하면서 출애굽의 지도자 모세와 아론을 원망하다가, 급기야 하나님께 그 책임을 돌립니다. 3절에서 "어찌하여 여호와가 우리를 그 땅으로 인도하여 칼에 쓰러지게 하려 하는가" 자신을 보면서 불가능을 말합니다. 그래서 하지 말아야 할 말을 하는데, 신세 한탄이 주변 원망이 되고, 급기야 하나님 원망으로 나아갑니다.

무엇이 이 사람들을 이렇게 만들었습니까? 눈앞에 보이는 현실입니다. 답답한 현실을 보니까 하나님이 안 보입니다. 이것은 여러분에게도 동일합니다. 유초등부에서 중고등부로 넘어갈 때 많은 수의 청소년들이 교회를 떠납니다. 중고등부에서 청년부로 넘어갈 때 더 많은 수의 청년들이 교회를 떠납니다. 대학을 졸업하고 사회생활을 시작하면 또 상당수의 젊은이들이 교회를 떠납니다. 왜 떠나는지 아세요? 나이가 들수록 교회의 가르침과 현실이 너무 맞지 않는 거예요. 하나님 믿고 열심히 달려왔는데 편법을 쓴 사람들이 나보다 훨씬 더 잘되는 것처럼 보이는 거예요. 그것 보면 어떻게 됩니까? 자신의 처지를 한탄하며 슬픈 현실을 깊이 묵상합니다(나는 왜 이런 가정에 태어났나? 나는 왜 이런 부모를 만났나? 내 주위에는 왜 이런 친구들밖에 없나? 나의 외모는 왜 이럴까? 나는 왜 이렇게 공부를 못하는 걸까). 이렇게 묵상하기 시작하면 어때요? 눈물이 납니다.

그 아무것도 아닌 것에 눈물을 흘리며 깊이 묵상하다보면 원망의 대상이 필요해집니다. 여러분에게는 부모가 대표적이고, 그러다가 급기야는 하나님을 원망합니다. 이 경우만 그렇지 않습니다. 외모든, 공부 머리든, 대부분의 경우가 다 그래요. 본문의 이스라엘 백성도 그렇잖아요. 오늘 본문에 현실을 회피하는 사람들이나 예수님을 믿으면서도 현실에 주저앉는 사람들도 똑 같습니다. 상황 논리에 빠집니다. 쉬운 길, 편한 길을 걸으려고 합니다. 그것이 삶을 회피하며, 타인을 향한 원망입니다.

이렇게 절망해서 울고, 다른 사람들을 원망하면서 다시 종으로 살던 애굽으로 돌아가자고 했던 60만 명이 어떻게 되었는지 아세요? 민수기 14장 20-23절입니다. "여호와께서 이르시되 내가 살아 있는 것과 내 영광이 온 세계에 충만할 것을 두고 맹세하노니, 내 목소리를 청종하지 아니한 그 사람들은 내가 그들의 조상들에게 맹세한 땅을 결단코 보지 못할 것이요, 또 나를 멸시하는 사람은 한 사람도 그것을 보지 못하리라." 애굽으로 돌아가지도 못했고, 가나안도 보지 못했습니다. 아무것도 이룬 것 없이 다른 이가 자신이 누군지도 모른 채 쓸쓸하게 60만 명 중 한 사람으로 살다가 그렇게 삶을 마감합니다. 이것이 내 앞에 놓인 삶을 회피하며 다른 사람들을 원망하고 자신을 한탄하며 편법을 찾아 나서는 사람의 결말입니다.

주어진 현실을 '직면'한 여호수아와 갈렙

이것은 기독 청소년의 길이 아닙니다. 그러면 크리스천이 걸어가야 할 길은 무엇입니까? 당당하게 주어진 현실을 직면하는 것입니다. 우리 앞에 놓인 현실을 당당히 맞서 극복해야 합니다. 본문에 이 직면의 길을 걸어갔던 두 사람이 나옵니다. 여호수아와 갈렙입니다. 그들은 60만 명과 다른 길을 택합니다. 6절에 보면 이 답답한 현실을 보면서 자기들의 옷을 찢습니다. 옷을 찢었다는 것은 상황을 회피하지 않겠다는 단호한 의지의 표현입니다. 울고, 원망하고, 한탄하며 세상의 삶을 그리워하는 것은 아니라는 겁니다. 10절을 보면, 온 회중이 이런 그들을 돌로 치려고 했습니다. 현실에 맞서고자 했던 의지가 죽음에 맞설 만큼 강렬했습니다. 직면! 쉬운 일이 아닙니다. 그들의 지도자였던 모세와 아론조차 분기탱천한 백성의 원망 앞에 엎드려서 아무 말도 하지 못했습니다. 그런 60만 명 앞에 자신들의 길이 옳다고 말하는 2명의 용기는 정말 대단한 겁니다. 동시에 여기에서 배우는 것은 아무리 답답해도 울고 탓하고 자포자기해서는 안된다는 겁니다. 다른 길 찾으면 안돼요. 그러면 정말 아무것도 안됩니다.

여호수아와 갈렙이 직면하긴 했지만, 그것이 자신들의 힘이나 의지가 아니었습니다. 여호수아와 갈렙이 옷을 찢어 현실을 직면해야 한다는 의지를 표현한 후에 그

용기와 힘이 어디에서 나왔는지 알게 해주는 표현이 등장합니다. 8절에서, "여호와께서 우리를 기뻐하시면 우리를 그 땅으로 인도하여 들이시고 그 땅을 우리에게 주시리라." 9절에서, "여호와가 우리와 함께 하시느니라. 그들을 두려워하지 말라." 답답한 현실을 이기는 힘의 근원이 무엇입니까? 하나님입니다. 하나님을 의지한 희망과 비전이에요. 여호수아와 갈렙은 자신의 한계를 인정합니다. 자신의 힘으로 가나안 땅을 차지할 수 없음을 알았기 때문입니다. 그럼에도 당당히 옷을 찢고 죽음까지도 각오할 수 있었던 것은 자기보다 강하고 능력 많으신 하나님을 바라보았기 때문입니다. 이것이 참된 하나님의 사람의 모습입니다.

> 우리의 마음을 하나님께 드릴 때, 현실을 직면할 힘이 생긴다.
> 우리의 마음을 하나님께 드리면 하나님이 우리의 삶을 책임지신다.
> 우리의 삶은 세상의 스펙이 아니라 하나님께 달려있다.

현실을 회피하지 않고 직면하면, 우리가 생각한 것 이상의 길이 열린다!

아픈 현실을 보면서 자신의 처지를 한탄하고, 주위 사람을 원망하고, 하나님을 원망하면서 애굽이라는 세상 문화에 젖어 세상 방식으로 돌아가는 답답한 주인공이 되지 말고, 힘들고 고통스러워도 온몸으로 현실을 받으며 나아갔던 여호수아와 갈렙처럼 믿음으로 직면하며 앞으로 나아가세요. 어떤 현실을 맞는다 해도 더욱더 주님을 바라보고 앞으로 나아가기를 다짐하세요. 길이 보이지 않아도 믿음의 발걸음을 내디디세요. 그러면 하나님이 찾아와서 말씀하실 것입니다. 방향을 보여주시고 비전을 현실로 만들어 주실 것입니다. 이스라엘 백성이 흐르는 요단강에 믿음으로 발을 넣자 없던 길이 열렸던 것처럼, 새로운 길을 열어 주실 것입니다.

우리가 믿는 하나님의 능력은 찻잔 속의 태풍이 아니라, 세속적 문화를 걷어내고 새로운 시대를 만들어 내는 거대한 태풍임을 보여주는 주인공이 되는 것보다 더 큰 축복은 없습니다. 이것은 주어진 삶에 대한 회피가 아니라 직면하며 앞으로 나아가는 준비와 노력에서 시작됩니다. 갈렙이 하나님을 처음 만났던 감격을 45년 후에 상기함으로 결코 얻을 수 없을 것 같았던 그 험난한 헤브론 산지를 정복한 것처럼, 오늘 여러분도 갈렙처럼 하나님을 만나고 그 사랑을 향하여 약속의 말씀을 부여잡고 나아가는 믿음의 사람들이 되기를 바랍니다.

한국교회 주일학교 교육의 가장 큰 안타까움 중 하나는 사역자가 바뀌면 교육의 내용이 바뀌게 되고, 그로 인해 학생들의 영적 성장이 불균형을 이룬다는 것이다. 나아가 설교와 공과가 일관성을 가지지 못하다 보니 균형 잡힌 교육이 어려울 뿐 아니라, 담당 사역자는 학생들 교육에서 비켜나 있는 아이러니가 발생한다. 토론식 공과 교재는 이런 주일학교 교육의 아쉬운 부분을 다음과 같이 보완하려고 노력했다.

먼저, 3년의 교육 주기로 기본적인 성경 및 교리에 대한 이해를 가능하도록 만들었다. 1년차는 말씀의 관점으로 창조–타락–구속–삶이 있는 신앙의 큰 틀을 통해, 무엇보다 절대 진리인 하나님의 말씀 위에 굳게 서야 함을 분명히 한다. 2년차는 구속사의 관점으로 창조–타락–구속–삶이 있는 신앙의 큰 틀을 통해, 유일한 구원자이신 예수님의 구속 사역이 신구약 전체를 흐르는 핵심임을 분명히 한다. 3년차는 하나님 나라의 관점으로 창조–타락–구속–삶이 있는 신앙의 큰 틀을 통해, 그리스도의 십자가를 통해 구속 받은 하나님의 자녀로서 삶의 현장에서 하나님의 영광을 드러내야 함을 분명히 한다.

다음으로, 각 부서별(유년, 초등, 중등, 고등) 눈높이에 맞게 교재를 집필하면서도 모든 부서가 동일한 주제로 공부 하도록 했다(동일한 주제 다른 본문 선택). 이는 각 가정으로 돌아갔을 때, 가족이 둘러앉아서 대화와 토론이 가능하도록 하기 위함이다. 부모가 자녀를 가르치는 실질적인 쉐마 교육이다. 이를 위해서 장년 주보에 해당 주일의 공과 주제와 각 부서별 핵심 내용을 실어줌으로써, 부모가 가정에서 교사의 역할을 하도록 도울 수 있다.

마지막으로, 사역자가 공과와 동일한 주제로 설교를 하도록 했다. 이로 인한 유익은 주일학교 사역자의 교체와 무관하게 교육의 일관성을 유지할 수 있다는 것이다. 또한 설교를 통해서 미리 공과 내용을 습득함으로써 역동성 있는 공과 진행이 가능하다. 설혹 교사가 미처 공과 준비를 하지 못했다고 해도, 공과를 대충하는 일은 없게 된다.

삶이 있는 신앙 시리즈 ①
성경적 세계관 세우기

중·고등부 공용 1·2부
성경적 세계관 세우기

초판 1쇄 인쇄 : 2024년 1월 10일
초판 1쇄 발행 : 2024년 1월 20일

지은이 이재섭
펴낸이 이원우 / 펴낸곳 도서출판 삶이있는신앙
주소 : (10881) 경기도 파주시 문발로 123 파주출판문화정보산업단지
전화 : (031)992-8692 / 팩스 : (031)955-4433
등록 : 제406-2008-000002호 / Email : vsbook@hanmail.net
공급처 : 솔라피데출판유통 / 전화 : (031)992-8691

❖ 잘못 만들어진 책은 바꾸어 드립니다.
❖ 본 교재의 내용을 일부 또는 전부를 허락 없이 무단 전재, 무단 복제를 금하며,
   광전자 매체 수록 등을 할 수 없습니다.